国家社会科学基金项目（18XGL010）
国家自然科学基金项目（51774228、5197040521） 资助
陕西省哲学规划办－陕西省社会科学基金项目（2018S12）

钼精矿价格动态预测方法、理论及模型

聂兴信 顾清华 卢才武 等著

北 京
冶 金 工 业 出 版 社
2019

内 容 提 要

本书系统地梳理了钼资源市场及其供求关系，分析了钼精矿市场及价格影响因素，介绍了钼精矿价格预测方法、预测理论及预测模型，实现了基于EMD-ARIMA-LSTM的钼精矿市场价格时间序列多步预测及仿真实验、基于改进PSO-GRNN及灰色-马尔科夫模型的钼精矿价格动态预测、基于GM(1，1)和指数平滑法的动态组合预测，并进行了钼精矿价格敏感性分析。本书对钼精矿价格预测、预测理论模型的构建及仿真实验具有较好的指导及参考意义。

本书可供钼矿生产、加工、销售企业相关技术人员及研究人员使用，也可供价格预测领域有关人员参考。

图书在版编目(CIP)数据

钼精矿价格动态预测方法、理论及模型／聂兴信等著.—北京：冶金工业出版社，2019.11
ISBN 978-7-5024-8314-2

Ⅰ.①钼…　Ⅱ.①聂…　Ⅲ.①钼矿物—价格—预测—研究　Ⅳ.①F764.2

中国版本图书馆CIP数据核字(2019)第254138号

出 版 人　陈玉千
地　　址　北京市东城区嵩祝院北巷39号　邮编　100009　电话　(010)64027926
网　　址　www.cnmip.com.cn　电子信箱　yjcbs@cnmip.com.cn
责任编辑　高　娜　美术编辑　彭子赫　版式设计　禹　蕊
责任校对　郑　娟　责任印制　李玉山
ISBN 978-7-5024-8314-2
冶金工业出版社出版发行；各地新华书店经销；三河市双峰印刷装订有限公司印刷
2019年11月第1版，2019年11月第1次印刷
169mm×239mm；8.25印张；159千字；122页
45.00元

冶金工业出版社　投稿电话　(010)64027932　投稿信箱　tougao@cnmip.com.cn
冶金工业出版社营销中心　电话　(010)64044283　传真　(010)64027893
冶金工业出版社天猫旗舰店　yjgycbs.tmall.com

（本书如有印装质量问题，本社营销中心负责退换）

前　言

钼（Mo）作为一种极易氧化的稀有金属，有“能源金属”的美誉，具有导热性好、熔点高、导电功率大等特点。在我国当前矿业市场产能过剩、供需失衡形势下，世界各国在国际市场中的竞争愈演愈烈。钼作为重要的不可再生金属和中国主导的矿产资源，对中国国民经济的发展和国家安全的维护具有重要的战略意义。钼精矿作为基本的工业和建筑业生产原料，对其未来中长期市场价格的准确预测，有利于我国钼矿开采生产企业制定合理的生产计划和开采成本控制以及钼矿矿产资源的合理规划和利用。只有明确了矿产资源的价值，才能建立起有效的资源管理机制和资源市场机制，而价格又是价值的货币表现形式，因此，预测钼精矿价格对钼矿企业决策的合理性以及风险规避的有效性具有重要指导意义。

本书采用预测相关理论和技术，对钼市场波动下的钼精矿市场价格中长期预测进行了深入的研究，主要内容如下：

（1）采用管理经济学相关内容和文献分析法对钼精矿的市场和价格影响因素进行较全面的分析，探究我国钼业市场的发展现状、钼精矿的供需情况和钼精矿市场价格的相关影响因素。

（2）在分析钼精矿市场背景及其上下游行业和企业市场情况的基础上，结合钼精矿价格预测及矿产品价格预测国内外研究现状，通过分析影响钼精矿价格变动的因素，构建了基于月度历史价格数据的改进 PSO-GRNN 钼精矿价格预测模型、基于年平均价格历史数据的灰色马尔可夫模型、基于 GM(1，1）和指数平滑法的组合预测模型。

（3）通过分解的方法，将复杂的非线性、非平稳时间序列进行分解，并根据分解分量的线性和非线性特征，分别建立了线性 ARIMA 和非线性 LSTM 预测模型，提出 EMD-ARIMA-LSTM 时间序列多步预测方法，并构建了相应的预测模型。通过中国钼精矿价格、全球铜价、全球铝价对预测模型进行仿真实验，分析了EMD-ARIMA-LSTM、ARIMA、LSTM、EMD-ARIMA、EMD-LSTM等预测方法的中长期预测性能。

（4）在钼精矿市场和价格影响因素分析的基础上，构建了多维钼数据情况下的EMD-ARIMA-LSTM钼精矿市场价格动态预测模型。首先，从钼的价格维度、供需维度和宏观经济维度构建了多维钼数据；然后，通过多维钼数据构建了基于EMD-ARIMA-LSTM多步预测方法和BP神经网络的钼精矿市场价格中长期动态预测模型。

（5）采用实例数据，对提出的多维钼数据下的钼精矿市场价格动态预测方法进行了应用仿真实验，使用MAPE和RMSE作为预测精度的衡量指标，对预测方法的预测性能进行了分析。

（6）实现了钼精矿价格的敏感性分析，所选取的八个影响因素中，材料因素的敏感度最强。

本书由西安建筑科技大学资源工程学院聂兴信、顾清华、卢才武、陈露、翟文静、孙锋刚、阮顺领，以及中国有色金属工业西安勘察设计研究院有限公司的王军、闫宝霞等同志共同合作撰写。全书共分7章：第1章梳理了钼资源市场及其供求关系，分析了钼精矿市场及价格影响因素，由卢才武、王军、闫宝霞撰写；第2章主要进行了预测理论及预测方法、预测模型的整理和介绍，由聂兴信、顾清华、孙锋刚撰写；第3章为基于EMD-ARIMA-LSTM的时间序列多步预测及仿真实验，由顾清华、陈露、阮顺领撰写；第4章为基于钼数据与EMD-ARIMA-LSTM的钼精矿市场价格动态预测及仿真验证，由顾清华、卢才武、陈露、阮顺领撰写；第5章为基于改进PSO-GRNN及灰色-马尔科夫模型的钼精矿价格动态预测，以及基于GM(1，1)和指数平滑法的动态组合预测，由聂兴信、翟文静、王军、孙锋刚撰写；第6章进行了钼精矿价格敏感性分析，由聂兴信、翟文静、闫宝霞撰写；第7章为结论，由聂兴信、顾清华撰写；附录中相关仿真实验的程序代码主要由陈露、翟文静开发并整理。全书由聂兴信同志统稿。

由于作者水平所限，书中不妥之处，恳请广大读者给予批评指正。

作　者

2019年8月于西安

目　录

1 钼资源市场及其供求关系分析

钼（Molybdenum）公认最早由瑞典科学家于1782年通过用亚麻籽油调过的木炭和钼酸混合物密闭灼烧发现并命名，在元素周期表中位于第5周期，第Ⅵ副族，是一种过渡的金属元素，为人体和动植物必需的微量元素。钼元素具有很好的化学性质、物理性质和生理作用，其主要的化合价有+4、+5、+6价，常温下在水或者空气中是稳定的，具有很好的耐腐蚀性能；其金属具有硬度高、熔点高、耐磨损、较高的导热率及较小的密度等优良特性，因此广泛应用在钢铁、化工、电子电器、医学、畜牧和农业等领域。常被用来添加到钢材中，对钢材原有的强度、韧度、耐磨性以及抗腐蚀性能都有很大的提升；能与钴、锆等多种微量元素组成合金钢，是生产导弹、潜艇、重型装甲、通信卫星的常用部件；能制造成为耐腐蚀零件用于地下管道、石化压缩机、航空仪表、化工装置等处；还能用来生产钻头、研磨机、齿轮等高硬度要求的设备。此外，钼不但可作为石油脱硫工序中的催化剂，还能够充当润滑剂以及颜料的角色，且在电子行业有可能取代石墨烯。金属钼及其合金是军工业、机械等行业重要的原材料。钼精矿主要成分为辉钼矿（MoS_2），是一种带有金属光泽，与石墨近似的铅灰色粉末状固体，可由开采的矿石碾磨后，采用浮选选矿方法获取，主要被用于生产金属钼、钼铁、钼酸铵、钼酸钙和润滑剂等，为钼资源最初级的产品。钼资源在全球的分布极不均匀，根据2018年美国地质调查局（USGS）的公开年报资料显示，钼在世界范围内分布的国家较为集中，主要在中国、美国、智利等6国，储量约占世界总量的90%，其中中国占39%，美国占25%，智利占16%。全球钼资源储量明细见表1-1。据调查，我国钼金属储量高居世界第一，总储量为430万吨。中国、美国、智利、秘鲁、墨西哥和加拿大是世界上主要的钼生产国，占全球钼产量的93%。其中我国的钼资源储量为世界第一，具体分布的如图1-1所示。分析世界范围内钼金属需求市场可以发现，钢铁行业对钼的消费量最大，该行业仅以钼炉料的方式就占据了钼的直接消费总量的近八成，而钼化工和钼金属制品占比分别为14%和6%。从钼的终端消费来看，能源行业占比最大，为38%，主要用于炼油催化剂以及石油管道和钻井平台建设。基础设施建设、交通运输以及航天的占比分别为35%、15%和4%。钼的消费结构及近10年钼消费量变化情况如图1-2所示。

表 1-1　全球钼矿石资源储量明细

钼矿排行	钼矿企业	矿石资源储量/t	金属量/t	品位/%
1	智利 Spence 铜钼矿	2661400000	Mo：2759000 Cu：12723000	Mo：0.104 Cu：0.478
2	中国安徽金寨钼矿	1500000000	Mo：22700000	Mo：0.140
3	美国 CUO 铜钼矿	5980000000	Mo：2153000 Cu：41860000	Mo：0.036 Cu：0.07
4	河南栾川三道庄钼矿	2100000000	Mo：2058000 W：672000	Mo：0.098 W：0.032
5	美国 Pebe 铜钼金矿	7978300000	Mo：1995000 Cu：3239200	Mo：0.025 Cu：0.406
6	乌拉圭 Coll ahuasi 铜钼	6800000000	Mo：1360000 Cu：54342000	Mo：0.02 Cu：0.799
7	美国 Quartz Hill 矿	1400000000	Mo：13160000	Mo：0.094
8	墨西哥 La cari dad 铜钼	5550712000	Mo：1277000 Cu：12378000	Mo：0.023 Cu：0.223
9	美国 Sierrita 铜钼矿	4379000000	Mo：1047000 Cu：9271000	Mo：0.024 Cu：0.212
10	秘鲁 Toquepala 铜钼矿	6197659000	Mo：806000 Cu：19956000	Mo：0.013 Cu：0.322

资料来源：中国铁合金网 http：//www.Ferro-Alloys.com，2018 年 1 月 24 日。

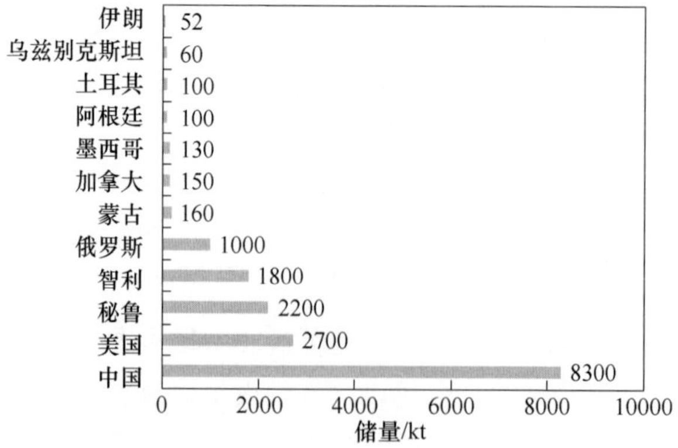

图 1-1　2018 年全球钼资源储量分布

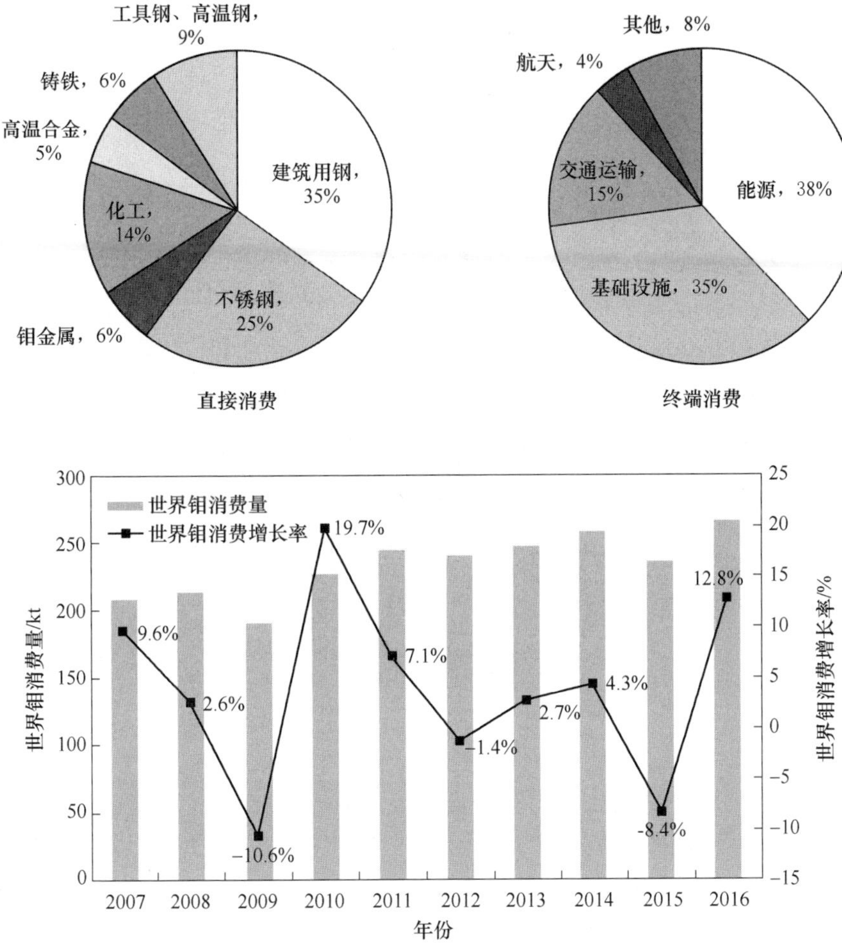

图1-2 全球钼直接消费和终端消费结构及近10年世界钼消费量变化情况

钼资源在我国的分布范围十分辽阔，在地质学和地理上初步划分为17个大的钼矿集中区，主要分布在东秦岭—大别山、燕辽、大兴安岭、小兴安岭—张广才岭、长江中下游、赣北—浙江、南岭、天山、三江和冈底斯钼成矿带，遍布我国的大多数省份，其具体储量分布如图1-3所示。据统计，我国2013～2017年钼生产产量分别约为8万吨、8.7万吨、8.4万吨、8.4万吨、9.1万吨，位于世界钼生产国首列，但是我国的钼深加工技术相对落后，在需求不足的情况下，导致钼资源以初级产品的形式廉价进行销售。将具有市场波动性的矿石价格和生产成本等多源属性作为第五维度进行集成，从而形成具有空间维、时间维、属性维数据集成能力的精细化5D排产模型，是我国矿山开采管理发展的必然结果。矿石的市场价格是联系矿业市场和矿山开采的重要桥梁，也是精细化5D排产模型的重要组成要素。因此，基于我国钼资源和其产业经济的发展现状，及目前矿业信息化5D集成技术发展前沿的两大背景，通过对以钼精矿为代表的矿山开采初级产品的市场进行分析，深入了解各种因素对其市场价格的影响，并通过构建合理的中长期市场价格预测模型实现较为精确的预测，成为当前钼业生产管理过程中亟待解决的问题。

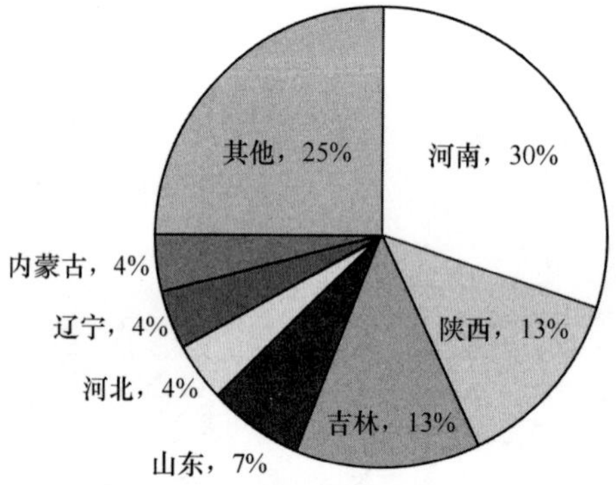

图1-3　国内钼资源储量分布
（数据来源：http：//www. chyxx. com）

近年来，尽管随着我国经济的快速增长，钼的需求逐年上升，但是由于钼精矿自身所具备的资源和商品的特性，其市场价格在市场波动的情况下频繁发生变动，预测未来的价格仍然比较困难。例如，2004～2008年，我国的钼精矿市场价格一直在比较高的价位波动；2008年的全球性金融危机使得钼精矿的市场价格迅速下降，并在2008～2015年期间持续性波动下降；2015年之后钼精矿的市场价格开始出现波动上涨的情况。我国钼资源储量在全球近乎处于垄断地位，且产量巨大，但是没有与之相匹配的全球定价权利，因此关注以钼精矿为代表的钼初级产品国内市场价格的波动，对于我国的钼业发展前景和提升我国资源经济的竞争力大有裨益。

目前，我国正处于工业信息化进程加速推进的阶段，随着“互联网＋产业”基本格局的奠定，以及“中国制造2025”“绿色矿山”“智慧矿山”等国家计划的实施和“物联网”“5G”技术的发展，传统的产业经济和生产方式必然将发生巨大的变化。对于矿业的生产开采而言，依托信息化技术将市场信息与矿石开采生产计划紧密联系起来，实现智能集约化开采是矿业发展的重要方向。

随着全球经济市场相互融合成为时代的潮流，钼的消费结构也在不断调整。尽管中国的钢铁产能已达顶峰，不会保持增长趋势，但特钢生产比例较低，未来吨钢钼消费量还有很大上升空间。改革开放以来，我国综合国力不断提升，经过几十年的技术积累和产业的转型升级，中国经济融入全球市场的步伐不断加快，其中高铁、核电、大飞机等多个领域在技术要求、性能指标、后期服务、竞标报价上已能与国外行业巨头形成强有力的竞争优势，新型高端装备制造业走出国门，将对钼的消费形成长期的拉动作用。世界各国都在相继出台政策加强对二氧化碳排放量的控制，从而将会增加含钼催化剂的需求。未来，中国将像美国、日本和西欧一样，将严格规范汽车燃料的硫含量，并将使用大量高钼催化剂，因此预计未来钼在化工行业的消费量将会出现年均5%～10%的增长。伴随着钼的应用领域不断拓展，人们对钼的应用前景更加看好。

1.1 钼精矿市场及价格影响因素分析

随着两次世界大战的结束，钼由于具有优良的化学和物理特性，其应用推广也在向各行各业不断延伸，形成了独特的以钼精矿及含钼制成品为代表的市场。本节主要对钼精矿的市场及其价格的影响因素进行了以下分析：一是采用市场经济理论分析钼市场竞争格局、供应来源、钼的最终商品及消耗和钼精矿的供需现状；二是针对我国钼业发展的背景，从宏观的经济、政治和不确定性等方面分析钼精矿市场价格的影响因素；三是针对钼精矿历史价格的观测值，分析钼精矿市场价格的波动特点。

1.1.1 钼精矿市场经济分析

1.1.1.1 钼精矿储量及产能

竞争规律是市场经济的基本规律，也是经济固有的规律。市场竞争过程是一个优胜劣汰、适者生存的过程，当市场竞争发展到一定程度，极易形成不完全竞争市场和垄断市场，即商品的市场价格将不再是市场对资源配置的结果，而是掌握在少数的定价者手中。本小节主要通过钼资源储量分布情况、生产企业及其产能分析全球钼精矿市场的竞争格局。

A 钼资源储量分布情况

根据美国地质调查局的资料显示，截止到2018年，全球的钼资源储量大约有1700万吨，其中将近一半的储量分布在我国的各个省份，也就是说我国目前是世界上当之无愧的钼资源储量大国。全球近两年钼资源储量排名前5的国家分别为中国、美国、秘鲁、智利、俄罗斯，具体分布情况如图1-4所示，从中可以直观看出我国钼资源储量具有的巨大优势。2017年我国的钼资源储量为840万吨，2018年比2017年减少10万吨，为830万吨，是美国的3倍多。与国外呈现出的资源垄断趋势相比，我国在钼资源储量的垄断中具有先天的优势。

钼资源在我国分布范围极其广泛，但是大型钼矿主要集中在河南、陕西、吉林四个省份，占国内钼矿储量资源的56%以上。钼资源储量在我国各省份的分布为河南30.1%、陕西13.6%、吉林13%、山东6.7%，其他省份总共占比为

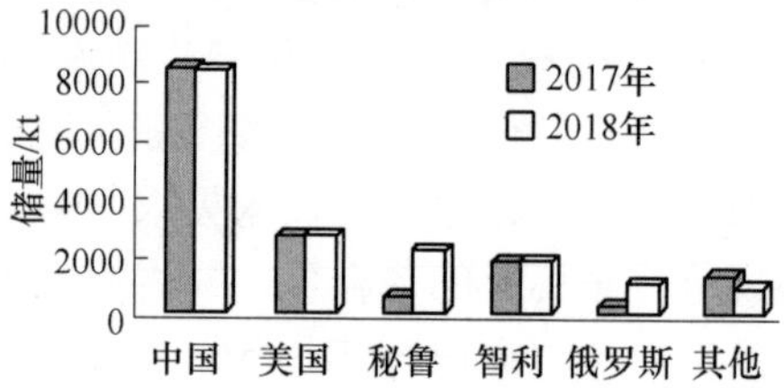

图 1-4　世界钼资源储量分布

（数据来源：Mineral Commodity Summaries）

36.6%。因此，从国内的钼资源储量占比情况来看，河南省、陕西省、吉林省这三个省份在国内的钼资源储量垄断上更占据优势。原生钼矿和铜矿中的伴生钼是钼精矿的主要来源，分别约占全球钼精矿总产量的 60% 和 40%。我国的钼精矿几乎全部来源于原生钼矿。国外的钼精矿主要来源于铜矿伴生钼，由于钼是铜矿石的副产品，从资源的开采角度来看，其开采回收的成本非常低。因此，就钼精矿的生产来源而言，我国钼精矿的生产成本要远高于国外的钼精矿生产成本，在价格上不具有竞争力。

B　生产企业及能力

目前，全球钼生产能力排名前九的企业及其 2015～2017 年的钼产量见表 1-2。

表 1-2　全球钼生产企业排名

排名	企　业	钼年产量/万吨		
		2015 年	2016 年	2017 年
1	Freeport-McMoRan（自由港）	4.2	3.6	4.2
2	Codelco（智利国家铜业）	2.8	3.0	2.85
3	墨西哥集团	2.4	2.1	2.05
4	金钼股份	1.86	1.77	2.04
5	洛阳钼业	1.67	1.63	1.67
6	Thompson Creek（汤姆逊克里克）	0	0	0
7	Antofagasta（安托法加斯塔矿商）	1.0	0.7	1.0
8	力拓 Kennecott（肯尼柯特公司）	0.75	0.22	0.5
9	Antamina（安塔米纳铜矿）	0.2	0.49	0.3

数据来源：网络资料。

国内的钼主要生产矿山企业及 2016 年、2017 年生产量见表 1-3。

表 1-3 国内钼主要生产企业及产量

生产企业	钼年产量/kt	
	2016 年	2017 年
金堆城钼矿	17.7	20.4
洛阳钼业	16.3	16.7
中铁伊春鹿鸣	12.0	14.3
中金内蒙古满洲里乌山	6.1	6.2
龙宇集团	5.0	4.3
丰宁鑫源	5.3	4.5
大黑山	0.4	3.7
德兴铜矿	2.9	3.2
赤峰敖仑花	2.2	1.9
中西矿业	0.7	2.6
古田天宝	1.2	1.6

数据来源：网络资料。

从国内外的钼生产企业格局来看，我国有两家企业在全球钼业中分别排名第四、第五，在全球钼业生产中已经具备了一定的竞争力。从单个企业的钼生产产量上来看，尽管单个企业与国际钼业巨头之间的差距比较大，但是我国所有钼企业的生产总量非常大，在国际的钼精矿的定价中具有一定的竞争力。从国内的钼生产企业的情况来看，我国的生产企业较多，但普遍较小，除了与我国钼资源的分布特点有关之外，还与钼业在我国的发展周期有关。近几年来，随着我国产业格局的调整，对生态环境的治理，以及我国钼长期的产能过剩等，钼矿的开采生产压力也逐渐增大。因此，在今后的国内钼市场竞争格局中，具有钼产业核心生产技术的企业将进一步发展，钼精矿生产将越来越趋于集中。

综合国内外钼资源储量情况和国内外主要的钼生产企业的生产情况，当前钼精矿市场竞争格局主要表现为以下几点：一是在当前及以后的一段时间内，由于全球钼资源储量的分布特点，我国的钼资源的供应主要来源于国内的生产企业；二是当前国外钼精矿主要来源于铜矿伴生钼，成本低廉，特别在市场供大于需的情况下，钼精矿的生产成本直接影响钼精矿的市场价格；三是现阶段我国钼生产企业较多，随着钼产业的升级，我国的钼生产企业将进一步集中，可能会形成寡头垄断的局面，从而影响市场价格的制定。

1.1.1.2 钼市场产业现状

钼具有较多优良性质，并且在一些领域不可替代。随着 20 世纪末到 21 世纪初材料科学的发展，学界对钼元素的研究极大地推动了钼的应用，迅速提升了含钼产品的价值。目前，钼的主要应用领域为化工、冶金、电子电器等，并由此形成了一条完整的钼市场产业链，即上游为工业钼来源的钼精矿及生产企业，中游为以钼精矿为生产原料的半加工产品和其生产企业，下游为含钼制成品及应用和生产企业。钼市场产业链的具体示意如图 1-5 所示。

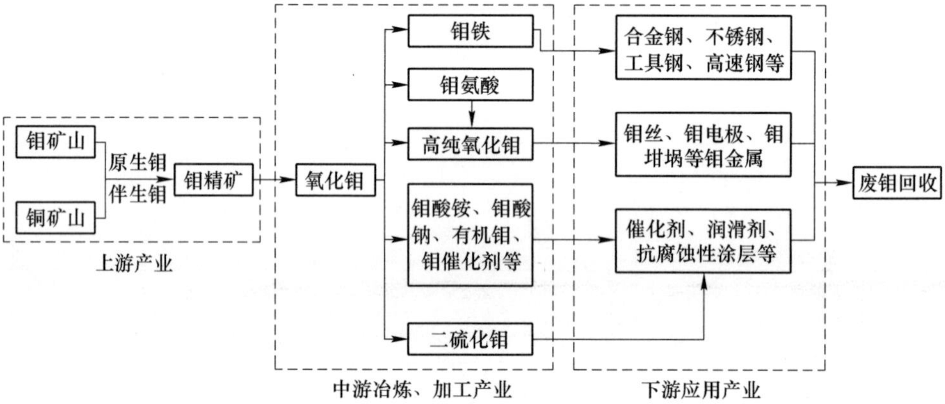

图 1-5　钼市场产业链示意图

钼市场产业链是钼元素被劳动者不断赋予劳动价值形成的一条价值链。在钼的产业链中，越是处于产业链末端的含钼产品，其被赋予的价值也就越高。在市场经济环境下，从产品供应的角度来看，越是价值高、使用广的产品，生产企业越是乐意生产，因为其能够形成较高的市场价格，为资本带来更可观的利润。对钼市场产业链进行分析，是为了找出钼精矿消耗的主要原因，从而深层次的挖掘影响钼精矿市场价格的钼市场相关主要影响因素。因此，本书从钼精矿消耗的角度，利用如图 1-6 所示的鱼骨图分析方法，结合钼市场产业链现状，追溯造成钼精矿大量消耗的主要原因，从而分析影响钼精矿市场价格主要影响因素。

从图 1-6 可以发现，钼在冶金消耗中涉及的范围广、消耗量大。冶金消耗是钼精矿消耗的主要原因，而建筑工程消耗和工业制造消耗（装备、零部件、工具等都属于工业制造内容）是造成钼在冶金消耗中的主要原因。由此可得出，造成钼精矿消耗的主要原因为建筑工程消耗和工业制造消耗，即建筑工程和工业制造是钼精矿消耗的主要影响因素。因此，在钼精矿市场的供需分析的过程中，可以采用建筑工程和工业制造相关指标作为影响钼精矿市场需求的指标。

对钼市场产业链的分析结论主要有以下几个方面：一是我国的钼市场产业链较完整，涵括了钼开采、半加工和终端应用等市场，从钼应用的角度来看，对钼精矿价格产生影响的因素较多；二是大多数的含钼的终端产品，都是由钼铁或者氧化钼深加工得到，因此钼铁或氧化钼的变化在一定程度上能够反映出钼精矿需求或者价格的波动情况；三是通过对钼终端市场的分析，发现钼精矿的消耗主要

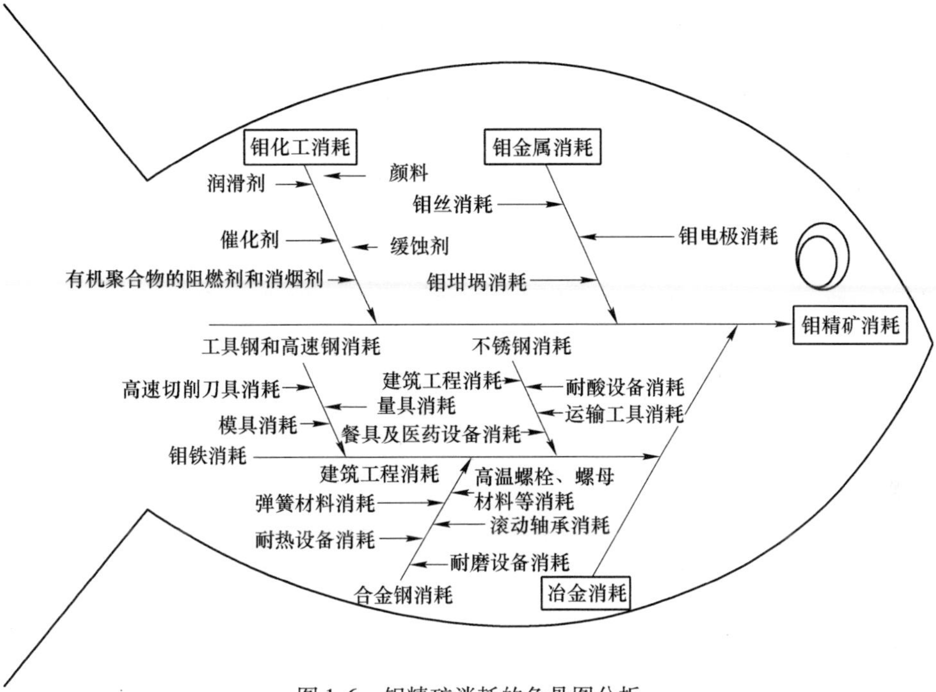

图 1-6 钼精矿消耗的鱼骨图分析

源于建筑工程、工业制造相应钢材的需求，因此建筑工程和工业制造的相关指标的变化最终能反映到对钼精矿的需求上，从而影响钼价格的波动。

1.1.1.3 钼精矿供需分析

在理想的市场条件下，商品的市场价格是由供需状况来决定的，即买方愿意以更低的市场价格买更多的商品，卖方愿意以更高的价格提供更多的商品，买卖双方的意愿达成一致的时候为供需平衡状态。需求、供给、供需平衡与市场价格的关系如图 1-7 所示。

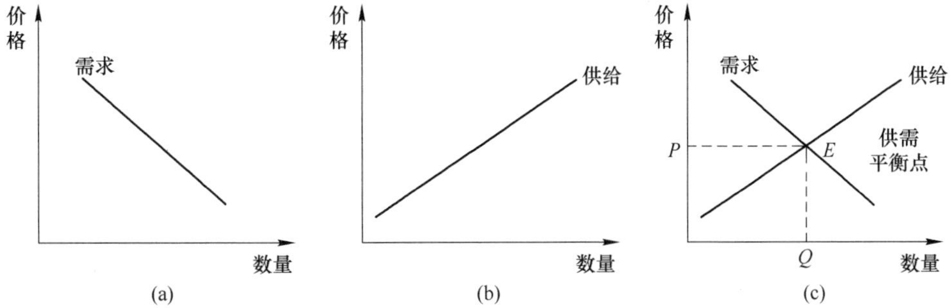

图 1-7 供需曲线

(a) 需求曲线；(b) 供给曲线；(c) 供需平衡

在理想的市场条件下，钼精矿的市场价格是由钼精矿的供需状况决定的。下面以图 1-8 为例，对不同供需情况下钼精矿的市场价格进行分析。

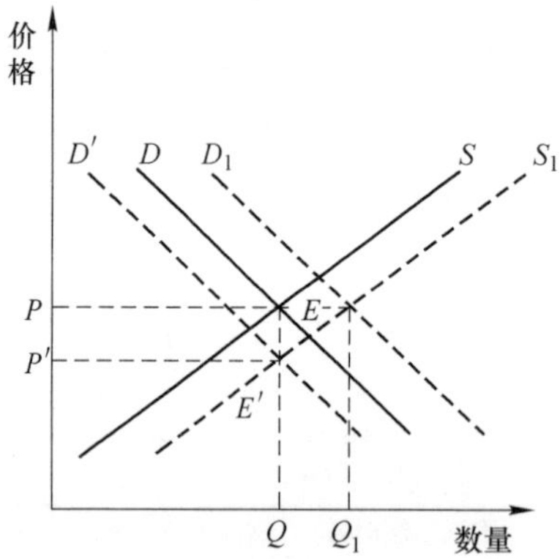

图 1-8　供需对钼精矿市场价格的影响

（1）供需平衡。图 1-8 中，横、纵坐标分别为钼精矿的数量和钼精矿的市场价格，线 D 为钼精矿在一段时间内的需求曲线，线 S 为钼精矿在一定时间内的供给曲线。线 D 表示钼精矿在市场需求不变时，钼精矿市场价格随着钼精矿的需求量的变化，线 S 表示钼精矿市场供给不变时，钼精矿市场价格随着钼精矿的供给量的变化。当钼精矿市场的需求曲线 D 和供给曲线 S 出现交叉时，表明钼精矿市场出现供需平衡状态，所对应的交叉点 E 为供需平衡点，对应的横坐标 Q 为供需平衡情况下的需求量或供应量，对应的纵坐标 P 为供需平衡下的市场价格。

（2）供不应求。在供需平衡的基础上，若市场的需求增加，就会产生供不应求的现象。在图 1-8 中，供不应求的现象具体表现为，钼精矿市场价格 P 不变，市场需求量由 Q 增加到 Q_1，需求曲线 D 向右平移到线段 D_1 处。在这种情况下，钼精矿市场主要为卖方市场。卖方会对钼精矿的市场价格进行调整，来解决供不应求产生的市场矛盾。

（3）供大于求。在供需平衡的基础上，若市场的供给出现增加，则会产生供大于求的现象。在图 1-8 中，供大于求的现象具体表现为，钼精矿市场价格 P 不变，市场供给量由 Q 增加到 Q_1，供给曲线 S 向右平移到线段 S_1 处。在这种情况下，钼精矿市场主要为买方市场。买方会根据自身的需求对市场价格进行调整，解决市场供大于求的矛盾。

（4）出现新的供需平衡：当钼精矿的供给量大于钼精矿的需求（不是需求量）的时候，会产生供大于求的情况，即在图 1-8 中表示为供给曲线 S 向右平移到 S_1 处，市场变为买方市场，买方会对市场价格调整，即在买方需求量 Q 不变的情况下，市场的需求曲线向左平移到 D' 处，产生新的市场价格 P'。卖方会根据市场的实际反映减少钼精矿的生产量，从而达到新的供需平衡状态。

通过整理2004～2017年的全球钼市场的供需数据，如图1-9所示，不难发现从2008年全球金融危机以来，钼的供需长期处于过剩状态。2015年钼的供应过剩最严重，因此也是钼产业最为低迷的一年。但2016年起，一方面全球经济回暖的迹象开始出现，钼需求有所回升；另一方面低迷的钼价导致部分原生钼产能企业停产退出，加拿大Thompson Creek金属公司在2014年先后暂停了TC、Endako两座原生钼矿的生产，中国钼厂商也达成了联合减产的协议，供给有所收缩。

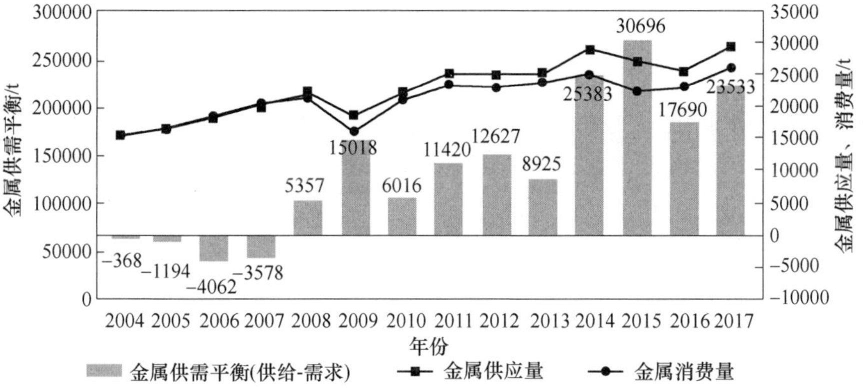

图1-9　2004～2017年钼金属的供需数据

（图片来源：http：//www. chyxx. com）

市场的供需关系在一定程度上直接决定了市场价格的变化情况，是直接影响市场价格波动的主要因素之一。与理论分析一致，钼精矿的长期供应过剩，会使得价格下降；钼精矿市场价格变化，又会反过来调整钼精矿市场的供需情况。就目前钼市场的供需情况来看，由于钼供应过剩的库存量依然大量存在，因此在未来的一段时间内，钼精矿的市场价格将对钼精矿的供应量十分敏感。当钼精矿的产量有增长的趋势时，钼精矿的市场价格将下降；钼精矿市场价格的下降将使生产企业向下调整钼精矿的产量，从而使得钼精矿的供应减少及价格上涨，直到累积的钼精矿过剩量消耗完，才会达到钼精矿市场的供需平衡。因此，钼精矿的产量对钼精矿的市场价格有较大的影响。除此之外，其他的因素也会影响钼精矿生产、供应、需求等各个环节，这将在1.1.2节中进行分析。

1.1.2　钼精矿价格的影响因素分析

钼精矿等矿产资源属于大宗交易商品，具有大宗商品价格受经济因素影响的基本特征。与其他矿产资源不同的是，钼市场价格不仅受经济因素的影响较大，也受较多的政策因素影响。钼精矿价格主要受政策因素、市场因素、技术因素以及突发事件因素的影响，其中主要包括供给侧改革的实施、环保措施的执行、钼矿骨干企业联合限产、钼产品上下游供求关系，以及生产量、储量、进出口量等。根据已有研究，钼精矿价格的影响因素主要涉及两个方面：微观层面和宏观层面。微观方面涉及钼矿的分布区域与现有储量，与钼矿相关产品的产量和价格，以及相关生产规模相关技术的发展和整个钼行业成本利润的情况及钼精矿的应用前景等有关。在宏观层面，主要涉及政治、社会、经济、环境等因素。

1.1.2.1 经济因素影响分析

（1）钼上下游相关产品的价格以及国家的各类社会经济指标变化将直接影响钼行业的发展情况。由钼的消费需求分析可知，钼在钢铁行业的消费量最大，该行业仅以钼炉料的方式就占据了钼直接消费总量的约 80%，此外，钼精矿作为原材料，还应用在氧化钼和钼铁的生产中，因此，钢材价格、氧化钼和钼铁价格的变动，都将会引起钼精矿价格的变化。社会经济的发展离不开国家的宏观调控，居民消费价格指数（CPI）、生产价格指数（PPI）、制造业采购经理人指数（PMI）、矿产品企业商品价格指数与货币供应量 M0、M1、M2 等，这些指标都将直接影响钼行业的发展变化。

（2）全球经济危机对钼精矿贸易产生直接影响。由于目前我国的钼资储量最大，并且钼精矿的产能较高，在经济全球化背景下，钼精矿也避免不了进行全球贸易。因此，当全球出现经济危机的时候，会对进行国际交易的大宗商品带来巨大的冲击，例如全球贸易大宗商品价格迅速下跌，货币贬值和全球经济总量下降，在 1997 年和 2008 年的全球性金融危机期间都出现了钼价大幅下跌情况。全球大范围的经济或金融危机，不仅仅从钼精矿的需求上影响钼精矿的市场价格的变化，也从汇率、货币的利率等其他方面对钼精矿的市场价格进行影响。然而，这种大范围的经济金融危机并不是经常性发生，因此并不是影响钼精矿市场价格的主要因素，但是一旦发生，将会对钼精矿的市场价格产生巨大的影响。

（3）经济周期对钼精矿市场价格的影响。由于钼精矿是工业生产的基础原料，因此工业生产受经济周期影响较大的时候，也会对钼精矿或其他的稀有金属原料产生影响，从而形成市场波动，并将这种波动以市场价格波动的形式显现出来。除此之外，经济周期的变化也会影响到社会经济的诸多方面，钼精矿生产企业和需求企业也难以避免受其变化的直接影响，因此在不同的阶段，钼精矿的市场价格也会出现不同的涨落情况。

（4）行业垄断对钼精矿市场价格制定的影响。在钼资源的储量和钼精矿的产量分析中，可以发现钼的生产主要集中于大型的金属矿产资源生产公司，其中全球一半以上的钼精矿来源于全球排名前 6 的钼生产企业。此外，我国的钼生产企业由于经济、政治、环境的原因也在不断集中，钼产业出现寡头垄断的现象。寡头垄断会对钼精矿的市场价格产生一定的影响，但是由于反垄断法的存在和世界各国政府对市场自由贸易的支持，其不会对钼精矿市场价格的波动产生较大的影响。

(5) 国家经济指标对钼市场的影响。钼资源是我国重要的经济矿产资源之一，我国的经济变化，必将对钼资源的市场和经济产生重要的影响。目前，我国经济变化的指标主要有反映国内经济增长情况的国内生产总值（GDP），反映社会消费水平变动的居民消费价格指数（PPI），以及反映社会生产产品价格的生产价格指数（PPI）。因此，钼资源市场及经济的发展情况，将会通过这些指标得到直接或者间接的反映，同时，这些指标的变化，也会影响钼精矿市场价格的变动。例如，PPI 增加的时候，势必会引起钼生产企业工人工资的上涨，从而影响钼精矿的生产成本，进一步对其价格产生影响；此外，很多资源工业地区，如陕西的华县、河南的栾川县、黑龙江的铁力市，钼资源经济是地区 GDP 的主要增长来源之一。

1.1.2.2 政策因素的影响分析

由于钼、钨等稀有金属材料在国防军事、大型装备上具有特殊用途，尽管国际和国内的有色金属市场在平稳运行，但是由于保障国家的利益、生态环境和资源的合理开发利用，近年来我国针对钼、钨等稀有金属的贸易和开采环境制定了一系列的经济政策和环境保护政策，这些相关政策及法规的实施，会对钼市场产生直接的影响。目前，国内外有色金属行业发展较为平稳，钼行业的生产增幅也逐渐放缓，国家针对各行业出台的相关政策、行业法规、环保措施等影响因素，都会在一定程度上影响钼精矿价格的变动。

(1) 法律、法规等政策对钼精矿市场的影响。中国政府为了更好地保护和合理开发钼资源，制定了一系列的法规政策。我国钼矿储量较为庞大，但是开采的不规范性造成钼资源一定程度的浪费，所以，我国相关部门相继出台了一系列的法律法规。2012 年，我国依据《中华人民共和国矿产资源法》《中华人民共和国环境保护法》《工业转型升级规划》和《中华人民共和国矿山安全法》，制定了钼行业准入条件，进一步规范了钼矿资源开采的条件和设施，并要求严格按照环境保护“三同时”建设矿山和冶炼项目，2015 年，由于产能过剩，钼资源储量丰富，导致钼精矿价格一度下滑，为此，钼矿骨干企业联合限产、减产和惜售，从而维持钼精矿市场的平稳发展。与此同时，国际进出口贸易政策的不良影响，对我国钼资源市场的发展带来了很大的不利影响。我国国内钼矿开采企业众多，滥开滥采现象严重，导致了我国钼矿资源以廉价外销的方式流失，资源未得到合理的利用，造成了大量浪费。因此，为了对资源开采进行合理的保护，国家推出了《中华人民共和国矿产资源法》来规范矿产资源的合理开采、保护和利用，对我国的钼市场的良性竞争起到了良好的促进作用。除此之外，2007～2012年，我国的商务部、海关总署多次发布公告，实施钼矿产资源配额出口的贸易政策，对我国的钼市场交易及钼精矿的市场价格也有一定的影响。

（2）税收政策的调整对钼精矿价格的影响。2004～2009年，我国对钼精矿的税收政策及税率进行了多次调整，其具体的变化分为以下两个阶段：第一阶段，在2004年1月，我国对钼精矿、氧化钼的出口退税由13%下调至8%，于2005年5月取消出口退税政策；第二阶段，在2006年1月，取消有色金属资源税的减征优惠政策，并从2006年11月开始以10%的税率征收钼精矿、氧化钼的出口税，在2007年6月出口税上调至15%。钼精矿税收政策的调整，对整个行业的市场结构有较大的影响。在这几次税收政策调整的过程中，我国的钼精矿由出口创汇逐渐转变为内需，对稳定我国的钼精矿价格有促进作用。同时，税率的变化会直接影响钼精矿的生产成本，短期内也会对钼精矿的市场价格产生直接的影响。

（3）环境保护对钼精矿价格的影响。在进入21世纪之后，特别是近10年以来，随着社会环保意识的不断增强，我国的工业生产逐渐由高污染、高耗能向低耗、环保的方向进行产业升级和调整，国家也多次出台相应的政策来保障矿山的绿色环保发展。钼矿在开采、选矿和冶炼过程中带来的环境问题是显然易见的。因此，矿山开采合理规划，开采后复垦，地质灾害防治，选矿和冶炼的废水、废气的处理等环境保护方面，都会对钼矿的开采生产企业的技术开发成本和污染治理、处理费用产生影响。例如，2017年2月栾川县龙宇钼业出现尾矿库坍塌造成了河道水污染，并因此停产。这些因为环境保护问题造成的停工，以及污染处理成本的增加，最后都会反映到钼精矿的市场价格中。

1.1.2.3 不确定性影响因素分析

由于经济、政策等因素或多或少对钼精矿的市场价格产生直接或间接的影响之外，还有其他的不确定性因素也会从某些方面对钼精矿的市场价格产生影响，如生产、消费者的投机心理，社会稳定和自然灾害等。

（1）钼精矿的生产者与消费者心理变化会对价格产生一定的影响。在市场的交易过程中，生产者和消费者对于产品的供求都存在着一定的投机心理。当钼精矿交易市场出现供需矛盾时，钼精矿生产企业会不断调整钼精矿的生产量和卖出量，钼精矿的消费者会调整自身的购买情况，以此来抵御市场变化带来的风险，从而适应市场变化，并获取各自的利益。当钼精矿的市场价格较高，供应不足的时候，部分生产企业会出现惜售的心理；当钼精矿的市场价格较低，供应充足的时候，部分买家会出现囤货的心理。这些供需上的投机心理会在一定程度上改变钼精矿的供需状况，从而对钼精矿的市场价格产生影响。

（2）社会稳定状况的影响。社会的稳定状况会对一个地区或者国家的经济和社会生产秩序产生直接的影响，从而使商品的价格产生波动，例如战争或恐怖袭击。2001 年，美国发生了“9·11”恐怖分子袭击事件，该事件引起了美国和全球部分地区经济和金融波动，在一定程度上对钼的金融投资产生影响。除此之外，中东地区常年的战争严重影响能源和贵重金属的稳定生产，也引起经济和资源市场行情变化，使全球的油气能源价格上涨，导致工业生产能源消耗成本增长，引起钼精矿生产成本上涨。社会状况的不稳定，将从经济、贸易、生产等多个方面对钼精矿的市场价格产生影响。

（3）自然灾害直接制约矿山企业的生产。矿山开采区域的地形地貌、地质水文状况、季节变化及突发自然灾害等因素都会影响钼矿的生产过程。与此同时，自然灾害以及开采过程中的事故都是影响钼矿开采的因素，都会直接或间接对钼业市场造成冲击。矿山地形及地质复杂多样，易受自然现象的影响而发生变化，尤其是滑坡灾害。矿山的边坡稳定性很容易受雨水山洪地震的干扰，进而会影响采矿生产，采掘量的降低会直接影响整个钼金属的行业供需及价格。如 2003 年汛期葫芦岛地区矿山发生的重大事故，就导致整个地区的矿山进入全面停产整顿的状态，钼矿供应不足使得钼金属的价格产生了较大的波动，不利于钼金属市场的稳定。同样，2014 年，钼资源比较丰富的智利发生 8.2 级地震，环境的不稳定给当时的钼市场带来了一定的紧张气氛。

（4）新材料应用领域变动和替代品的出现会对钼精矿价格带来不确定性的影响。钼资源在金属材料中具有重要作用，但是社会的进步使新能源不断出现，相关替代材料不断出现，这些都使得钼矿价格出现波动。

1.1.3　钼精矿价格的时间序列特点分析

2004 ~ 2018 年，受到国际经济形势和钼矿市场供需关系不断变化的影响，钼精矿价格持续震荡，其走势如图 1-10 所示。

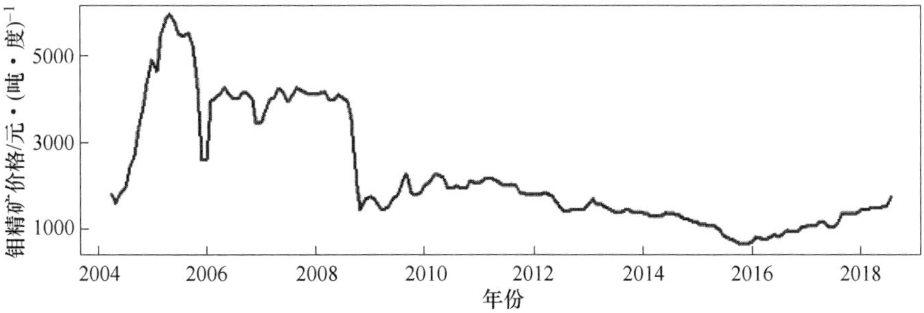

图 1-10　2004 年至 2018 年间钼精矿价格走势

从图 1-10 可以看出，我国钼精矿市场价格波动情况大致可分为以下几个阶段：第一阶段，在 2004 年以前，钼精矿以较低的市场价格进行波动；2004 ~ 2008 年，钼精矿市场价格经历了两次剧烈的上涨和下跌，波动幅度较大；第三阶段，2008 ~ 2012 年，钼精矿市场价格出现不断的震荡；第四阶段，2012 ~ 2016 年，钼精矿市场价格在不断的下跌中波动；第五阶段，2016 年至今，钼精矿市场价格在不断上涨中波动。根据钼精矿市场价格在不同阶段的波动情况，结合上文提到的钼精矿市场价格影响因素进行分析，能够更好地把握各影响因素对钼精矿市场价格产生的影响。

从 2004 年开始，全球经济出现繁荣的趋势，欧美发达国家的房地产行业发展迅速。同时，我国在这一时期注重钼精矿的出口获取外汇，出台了诸如出口退税的优惠政策，使钼精矿市场价格迅速上涨，并处于较高的价位。2008 年 9 月，美国的房地产行业出现次贷风波，迅速引起国内、国际金融和经济危机，导致全球经济低迷，钼精矿的价格迅速下跌。在这一阶段，钼精矿的需求量急剧减少，尽管国内的部分钼矿开采企业停产，但是由于之前总产能的增加使钼精矿的供应出现大量的过剩。2009 年下半年开始，全球经济缓慢复苏，钼精矿的价格有了微小的涨幅，但是钼精矿的价格受宏观的经济影响和调控，加之钼精矿过剩，整体还是处于一个较低迷的状态。2014 年，受到国际经济尤其是欧洲经济萧条及中日经济关系停滞不前的影响，我国的钼精矿出口量较少，进一步加重钼精矿过剩的现象，导致钼精矿价格下降。2014 年上半年，全球排名靠前的矿山企业出现了事故，再加上自然灾害的影响，导致钼比较紧缺，给市场带来调控钼精矿价格上涨的机会，但是由于对钼精矿的需求比较低导致价格并没有出现上涨的迹象，反而由于经济的原因更加低迷。

由上述的分析可知，钼精矿的价格近 10 年来一直处于较低迷的状态，对经济状况、供需情况、制造业及建筑业的发展等都比较敏感，表现出以下的波动特点：

（1）钼精矿的供需关系直接影响其价格的波动，供需关系是众多影响因素中最直接的因素。

（2）近 10 年来，钼精矿的价格波动频繁、剧烈，并表现出持续的波动情况，呈现出较强的突变型和随机性，波动情况复杂。

（3）钼精矿价格在短期内呈现随机性波动，长期的价格波动较剧烈，并受影响因素的影响较大。

1.2　钼精矿市场供求关系分析

钼资源从被发现，就引起了广泛的关注，尤其是在化工、金属、军工、电子机械等领域具有重要的作用，据调查，我国以 430 万吨钼资源的储量位居世界第一。近年来，人们对钼资源关注度不断提高，钼产品的应用领域也较为广泛。

1.2.1 钼的生产供应

1.2.1.1 世界钼生产供应

世界钼供应充足，能满足钼消费增长的需要。近10年世界钼生产情况如图1-2所示，中国、美国、智利、秘鲁、墨西哥、加拿大是全球的主要产钼国，合计占全球钼产量的93%，2014年、2015年产量变化如图1-11所示。2015下半年钼价已经跌破所有原生钼矿的成本线，面对低迷的市场，美国、加拿大和中国的原生钼矿减产或停产，而智利和秘鲁钼产量微幅增长，主要是新建项目投产。

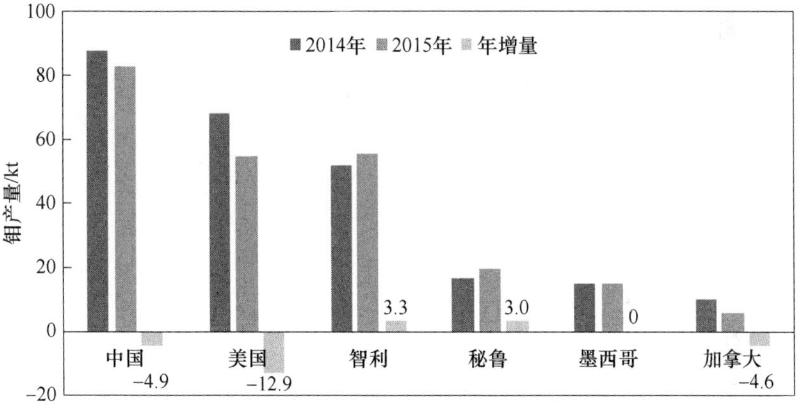

图1-11 主要钼生产国近两年产量变化情况

全球十大钼生产企业约占全球钼产量的65%，2015年同比减少5.4%。2014年、2015年产量变化见表1-4。最大的钼生产企业美国Freeport-McMoRan公司原生钼矿减产，加拿大Thompson Creek公司公司停产，智利Codelco铜钼矿中钼品位下降造成减产。智利Los Pelambres和秘鲁Antamina伴生钼产量有所增加，中国主要的三家钼企产量均有不同程度增加，主要是新建项目投产或达产所导致的。

表1-4 近两年世界主要钼生产企业产量变化 (t)

序号	企业名称	2014年	2015年	同比增量	同比增幅/%
1	美国Freeport-Mcmoran	43092	41731	-1361	-3.2
2	智利Codelco	31000	26933	-4067	-13.1
3	墨西哥集团	23120	23139	19	0.1
4	中国金堆城钼业集团公司	17640	18911	1271	7.2

续表 1-4

序号	企业名称	2014 年	2015 年	同比增量	同比增幅/%
5	中国洛阳栾川钼业集团公司	16720	16999	279	1.7
6	中国铁建伊春鹿鸣矿业公司	6000	12000	6000	100.0
7	智利 Los Pelambres 矿	7900	10100	2200	27.8
8	力拓美国 Kennecott	11500	9467	-2033	-17.7
9	加拿大 Thompson Creek	11930	0	-11930	-100.0
10	必和必拓秘鲁 Antamina	1417	1771	354	25.0
合　计		170319	161051	-9268	-5.4

数据来源：2015Minerals Yearbook-MOLYBDENUM。

1.2.1.2　中国钼生产供应

近 10 年中国钼生产情况见图 1-12 所示，在此期间中国钼生产平均年增长率约为 6.50%，其中 2012 年、2015 年、2016 年、2018 年生产量同比减少。2018 年中国钼生产量为 8.24 万吨钼，同比减少 5.6%。2018 年中国钼生产占全球比例为 33.5%。

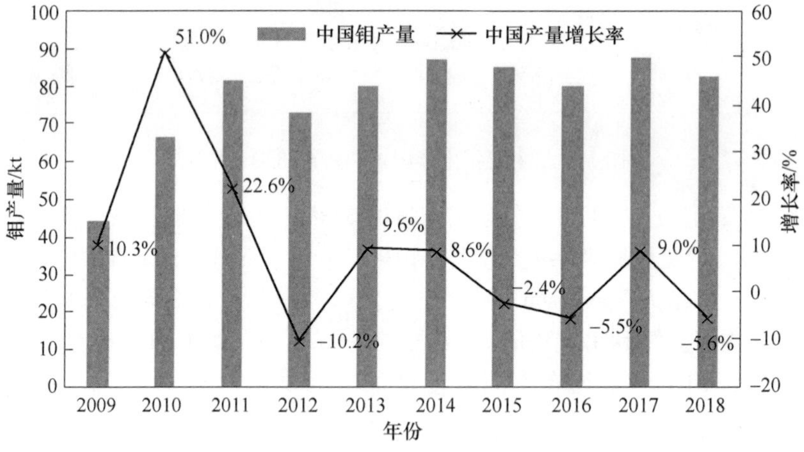

图 1-12　近 10 年中国钼产量变化情况

近几年我国钼进出口情况见表 1-5。由表 1-5 可见，除 2012 年外，其余各年中国均为钼的净出口国；而 2012 年，由于国内钼价远远高于国外钼价；同时，由于我国对矿产品方面出口关税的增加和大量的运费支出等，导致中国钼出口量呈现大幅度下降，与之相对的进口量则大幅度增加。

表 1-5　中国钼进出口情况

年份	2009	2010	2011	2012	2013	2014	2015	2016	2017	2018
钼出口量/t	34452	33929	24573	8304	19559	17104	13364	9652	14592	9669
钼进口量/t	13542	7954	3352	35307	16100	9496	6406	8744	9389	8487
钼净出口量/t	20910	25975	21221	-27003	3459	7608	6958	908	5203	1182

数据来源：中国有色金属工业协会，中国海关，安泰科。

中国的三大钼企包括中国金堆城钼业集团公司、中国洛阳栾川钼业集团公司、中国铁建伊春鹿鸣矿业公司，三大企业产钼量占全国总产量的58%，2015年由于新建项目投产或达产导致三家企业产量有不同程度的增加（表1-4）。中国钼产量的整体降低，主要是国内中小型矿山企业纷纷减产或停产造成的，据统计2015年四季度运营企业只有十几家，伊春鹿鸣钼矿2015年11月也全线停产，2016年3月才逐渐复产。因此，未来的钼生产供应将更加集中于拥有优势资源和综合性生产能力的一体化大型钼生产企业，而仅生产初级产品，竞争力和抗风险能力相对较差的中小型钼企将会被市场逐步淘汰。企业生产集中和垄断供应将有利于钼的市场回暖，价格回归理性。

1.2.2　钼的消费需求

（1）世界钼消费需求。分析世界范围内钼金属需求市场容易发现，钢铁行业对钼的消费量最大，该行业仅以钼炉料的方式就占据了钼的直接消费总量的近八成，钼资源消费结构和使用情况如图1-13所示，2018全年国内外钼消费总量跌至21.7万吨，比2017年同期减少8.4%。

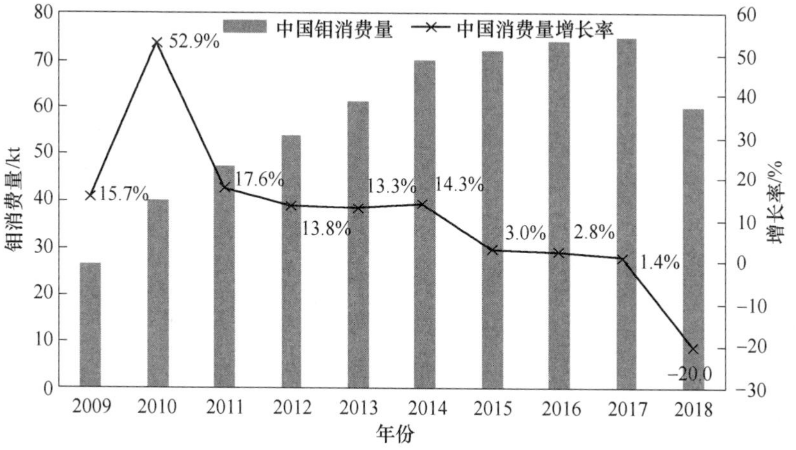

图1-13　近十年中国钼消费量变化情况

(2) 中国钼消费需求。我国钼精矿主要分布于我国的北方地区，如内蒙古、陕西等。近 10 年中国钼消费情况如图 1-14 所示，在此期间中国钼消费平均年增长率约为 8.55%，除 2018 年消费 6 万吨同比减少 20% 外，其余各年均为增加。2018 年中国钼消费占全球比例为 27.6%。

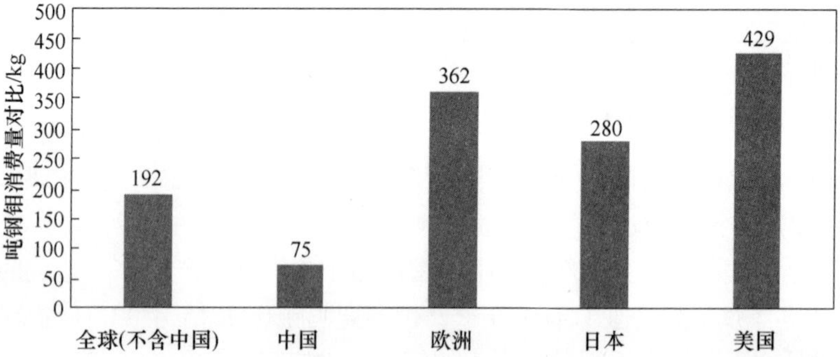

图 1-14　吨钢钼消费对比

我国钼矿的应用领域主要与钢铁行业密切相关，而发达国家钢铁行业的钼矿需求日益降低，我国与发达国家吨钢钼消费量差异较为明显，如图 1-14 所示。

1.2.3　钼的供需分析及展望

世界钼的供需状况和价格走势如图 1-15 所示，可见 2010 年以后的钼市场基本处于供应过剩的局面，并导致市场价格呈现持续下跌的趋势。

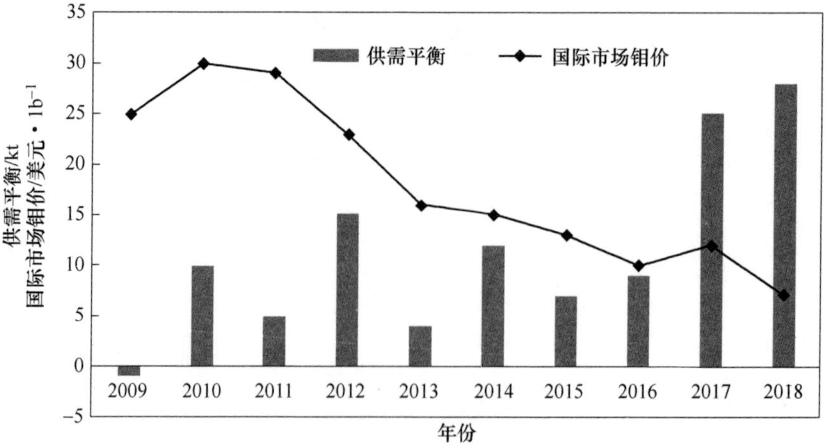

图 1-15　世界钼供需平衡与价格走势

由于世界钼的产销总量较小，供应受钼价、铜价以及中国产业政策等因素影响，消费受钢铁、军工、化工等领域影响，因此使供需平衡容易发生变化，进而引起价格的波动。

1.2.3.1 供应展望

世界矿产钼包括原生钼和伴生钼，过去10年伴生钼占矿产钼的比重一般在40%～60%之间波动，如图1-16所示。近年市场低迷导致原生钼的供应占比减少，伴生钼的供应占比相应提高至60%左右，但伴生钼主要源于铜钼伴生矿，而铜价近年的低迷走势导致一些铜矿项目停产或减产，一些计划新建和扩建的铜矿项目被迫搁置或推迟，伴生钼的供应增加也将受到一定制约，仅靠伴生钼的供应远远不能满足市场的消费需求，因此，决定未来市场长期走势的还将是原生钼矿的生产。

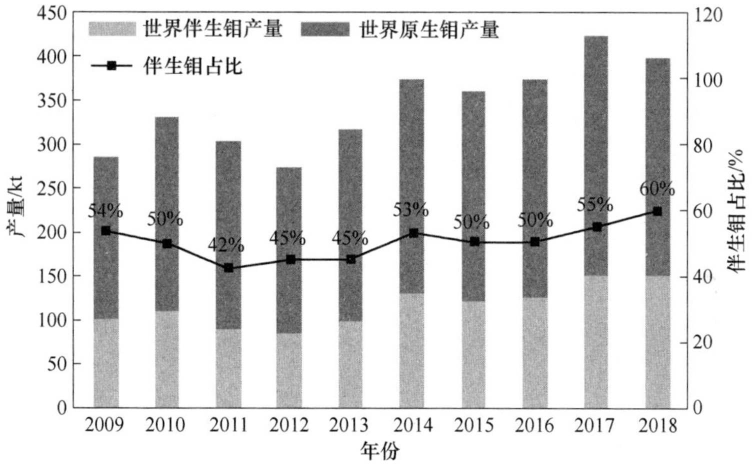

图1-16 伴生钼占钼产量比例变化情况

尽管中国近几年新发现钼矿的资源量较大，但受市场因素的影响，拟建项目基本处于搁置状态或进展缓慢。通过2015年钼市场的超低位震荡，钼企业减产和停产造成产量同比下降6.3%。2016年的钼价仍然没有大的起色，几家大型钼企也开始限产，市场开始出现供应短缺的情况，促使2017年、2018年钼价略有反弹。

1.2.3.2 需求展望

随着全球经济市场相互融合成为时代的潮流，钼的消费结构也在不断调整。尽管中国的钢铁产能已达顶峰不会保持增长趋势，但特钢生产比例较低，未来吨钢钼消费量还有很大上升空间。改革开放以来，我国综合国力不断提升，经过几十年的技术积累和产业的转型升级，中国经济融入全球市场的步伐不断加快，其中高铁、核电、大飞机等多个领域在技术要求、性能指标、后期服务、竞标报价上已能与国外行业巨头形成强有力的竞争优势，新型高端装备制造业走出国门，将对钼的消费形成长期的拉动作用。

随着人类社会对二氧化碳排放量的重视，钼催化剂的需求量也将有所增加。未来我国与美国、日本和西欧一样，都将严格规定汽车使用燃油的含硫量，将大量使用钼含量较高的催化剂，因此预计未来钼在化工行业的消费量将会出现年均5%～10%的增长。伴随着钼的应用领域不断拓展，人们对钼的应用前景也更加看好。

1.2.4 钼精矿上下游企业市场情况分析

1.2.4.1 钼矿业权分析

矿业权主要分为探矿、采矿两种权利，矿业权中包含钼的条款相对较少，并且含钼的采矿权更少于探矿权，主要原因在于我国钼资源数量稀少，政府对钼矿业权设置尤为严格。鉴于钼价格昂贵，存在一些单位或个人在未取得钼探矿证的情况下，对钼资源进行非法探测、开采、倒卖的现象。

采矿权市场有巨大风险。福建、浙江的一些民营企业开采的矿石中含有大量的钼金属，但是他们并未取得钼采矿权。由于资金匮乏、技术落后，矿区勘探手段有限，相关地形、地貌、储量资料不完善，开采工作进行过程中存在大量不可预知的风险。若要完成这种矿权的收购，从钼资源整合、矿权转让变更、矿区资源评估，到最终的价款确认一系列的程序尤为重要。限于采矿证办理的复杂手续，企业在收购矿权时可采取增资扩股的形式，这样能大大缩短从收购到形成产能的过程，帮助企业更快、更好地获取利润。

目前，中国的矿业体制（地质勘探部门和矿山生产企业）是相互分离的，两个体系之间分工明确、相互独立。地质勘探部门会在探明储量后上报国家储量委员会进行审查备案，矿山生产企业则通过矿业权的一、二级市场取得开采权之后再进行开采。开采企业在生产过程中投入资金进行地质探矿，新增的储量也要上报国家储量管理部门，必须在缴纳一定的矿权价款后才能进行开采。矿权评估机构对钼矿区矿权进行评估时，一般会根据其储量、赋存条件、市场价格、品位、开发利用条件等因素评出矿权价值。

1.2.4.2 钢铁市场分析

钼常可作为钢中的合金元素，对钢材原有的强度、韧度、耐磨性以及抗腐蚀性能都有很大的提升。钼矿石的需求市场主要集中在钢铁行业，尤其是合金钢、不锈钢对钼矿石需求量极大。钼资源在我国的储备量居世界各国储量的前列，但是我国钼资源的年消费总量却远远落后于世界上工业发达国家。钼在合金钢领域相关技术的研发成为我国迫在眉睫的重要任务，通过钼元素的加入，一方面提升钢铁的品质，满足我国高端装备制造业转型升级的需求；另一方面研发出具有新型特点的合金钢，提升我国钢材对温度、湿度、极端环境、超长时间的承受度，最终使我国钢产品提升到一个新的水准。

1.2.4.3 钼化工市场分析

"十一五"期间，我国工业蓬勃发展，化工企业产量日益扩大，氧化钼及钼酸钠产品需求旺盛，矿山企业大量开采，产能急剧增加，国内市场供大于求。国外客户随着生产效率的提升对中国出口钼酸铵等产品的需求量大幅下降，并且对钼产品出口价格一再打压，使中国企业处境艰难。

"十三五"期间，我国经济进入快速崛起、飞速发展的关键时期，同时也进入了攻坚克难的重要历史时刻，我国工业化、信息化、农业现代化、新型城镇化齐头并进，"一带一路"建设、"互联网 +"、"经济新常态"、"生态保护"成为热点词汇，我国矿业发展迎来的机遇与挑战并存的时期。因此，"十三五"期间，矿产企业在追求经营利润最优化的同时，还要兼顾环境的治理和恢复工作，使公司发展和生态和谐同步推进；要加大技术研发投入，提升矿产资源的转换效率，在满足市场需求的前提下，尽可能少地开采矿石资源；要加强区域合作，做到技术、资金、设备共享，提升矿石资源的出口进程；要促进地质作业的多元化发展，不再拘泥于原有的传统矿产思维，逐步向"大地质、大资源、大环境"转变。

1.2.4.4 钼金属产品市场分析

原材料市场的波动将会对钼制品价格产生很大的影响，受到产业链条的作用，这种影响会有一定的滞后性。通常情况下，原材料价格变动后，按照钼精矿市场、钼化工市场、钼制品市场的先后顺序市场价格依次会作出相应的调整。近些年，钼深加工产品的国外订单不断增加，受我国政府生态保护政策的影响，出口商品由传统原材料矿石逐步向高附加值的深加工产品过渡。与此同时，在出口关税、配额管理、加工成本等环节的制约下，矿石深加工成为一种出口商品必备的条件。对钼资源以及钼产业的整合，拉伸了整个产业链条，提升了钼产品的附加值，更利于企业对产品管控及生态保护建设，在为企业带来最优化利润的同时，保证生态环境的可持续发展。

1.3　本章小结

本章一方面介绍了钼资源储量、产能分布情况和钼市场的产业链发展，梳理出钼精矿供需脉络，通过对近年来钼精矿供需变化的分析，总结出钼精矿市场的供需关系波动受诸多因素的影响，而直接导致价格变化的主要因素就是钼精矿市场的供需状态。具体分析了经济、政策和一些具有不确定性因素对钼精矿价格变化的影响。结合近十几年来钼精矿价格的波动，分析印证了钼精矿价格波动受到上述因素的影响，得出了钼金属价格数据是一种时变的时间序列，具有多维、非线性和随机性，得出基于短期历史数据难以对钼精矿价格进行准确预测的结论。

另一方面，梳理了钼资源市场供求和钼精矿上下游企业的市场情况，主要基于两个角度：一是钼矿业权的分析；二是钼矿企业与其上下游企业的供需变化问题的研究，着重分析了钢铁市场、钼化工市场、钼金属产品市场的相应情况。钼矿企业政策的变化以及其上下游企业的供需关系变化理论，对分析钼矿市场及价格预测问题中预测指标选取、构建预测模型、钼精矿价格敏感性分析等具有一定的理论指导意义。

2 预测方法及预测理论

本章主要对钼精矿市场分析，以及对钼精矿市场价格时间序列预测的相关技术和理论进行梳理，对钼精矿市场价格中长期预测研究中涉及的相关分析理论和预测理论进行了比较详细的介绍，包括市场经济及相关理论、ARIMA 时间序列预测方法、神经网络理论。其中，市场经济及相关理论主要用于钼精矿市场及价格影响因素分析，ARIMA 时间序列和神经网络技术主要用于时间序列预测模型的构建，以及多维钼数据回归模型的构建。

2.1 钼精矿市场及市场经济理论

2.1.1 市场与市场经济概念及联系

市场在词典中的含义泛指商品交易的场所，即包含“市”（买卖）和“场”（场地）两层含义。在现代经济学中，市场又分为狭义市场和广义市场两个层次：狭义市场指具体商品交易的场地或者交易聚集地，其是因社会的不断分工和商品的交易而形成的，按照交易商品的类型和规模分为不同类型和层次的市场，只要有社会分工和商品的交换，就存在着市场；广义市场泛指多方参与交易的系统，其交易的对象不仅仅局限于商品，还可以是服务、人力、资源等一系列具有劳动价值属性的对象。

市场经济是工业市场发展到一定规模后产生的经济概念，与自然经济和计划经济相区别，具体指社会中具有劳动价值属性的资源通过市场进行配置的经济形式。这一经济概念初步形成于 19 世纪末，其背景为西方资产阶级革命的胜利及建立的资本主义制度对工业商品市场的巨大推动，以及古典经济学的发展。随着世界上各发达国家工业经济和工业市场的空前繁荣，以及近现代全球性经济和市场的紧密联系，市场经济作为对社会资源最高效的配置手段，已经逐渐被各个国家所采纳。

一般而言，市场与市场经济通过经济资源的配置紧密地联系在一起，或者说市场经济是商品经济的发展方向，是以市场行为为导向的。因此，市场经济可以被定义为不包含任何社会制度和意识形态的经济运行制度，资源供求和分配的调节仅仅通过市场价格，并且市场个体拥有的生产资料是被承认和维护的，鼓励进行自由的市场竞争。市场价格是资源在市场分配过程中表现出来的为绝大多数人所认可的价值。

2.1.2　市场经济基本规律

市场经济在运行的过程中，一定存在市场的主体和客体。市场的主体为直接参与市场交易行为的人，可以具有不同的身份，如买者、卖者、生产者、消费者等；市场的客体为市场交易的内容，即商品。市场经济存在的内在机制为商品规律的直接反映，即价格、竞争、供求等机制。这些基本的规律主包括价值规律、竞争规律、供求规律。

（1）价值规律。价值规律是商品经济中的基本规律，其在市场经济的条件下发挥着重要的作用。价值规律反映的是社会的必要劳动时间对商品的价值的决定作用，即商品价值由社会的必要劳动时间确定。在此基础上，商品以自身的价值量进行公平等价的交换。在市场经济中，价值规律的作用主要表现为以下几个方面：1）对社会的总劳动在各个部门之间的比例分配进行有效的调节；2）激励生产企业不断地提高生产技术水平、生产率及生产管理水平，从而对整个社会生产力产生促进的作用；3）能够起到指导消费、更好地满足需求的作用。

（2）竞争规律。竞争规律为不同的利益主体在商品经济中，通过互相竞争获取有利的投资、生产、销售等条件，从而获得最优的经济效益的规律。竞争规律的主要作用为：1）通过多方的竞争促进形成商品真实的价值和市场价格；2）从商品竞争中实现市场的优胜劣汰，对市场资源的最优配置和市场的更新有较大的促进作用；3）良性的竞争能够推动社会和生产企业的科技进步和创新发展。

（3）供求规律。市场供应和需求的变动会引起市场价格的变化，同时市场价格的变化也会反过来影响市场的供应量和需求量，引起供应量和需求量的变化。这种市场的供应量和需求量在不断的调整过程中相互适应，形成平衡的市场价格的规律即为供求规律。供求规律的作用表现为：1）使商品的市场价格始终在商品真实的价格上下进行波动，向市场释放市场波动的信号；2）对市场的结构和总量起到决定性的作用，推动市场在不平衡和平衡的状态之间进行发展。

2.1.3　有效市场假说

有效市场假说是美国的金融学教授 Fama 在“有效市场”的基础上经过深化提出的市场假说，是现代金融市场的基础理论之一。有效市场的定义为“一个市场中，市场包含的全部信息能够被市场的参与者迅速掌握，立刻反映到市场价格中，那么这个市场有效”。因此，有效市场假说通常认为市场的历史价格能够立即反映市场上的全部有用的信息。

根据矿产资源市场的特点和有效市场假说，导致矿产市场价格波动的市场无效的原因有以下几个方面：（1）当矿产资源的市场需求增加时，新的供应量在短期内得不到有效的增加，若调整价格，将使市场价格的上涨幅度更大；（2）当矿产资源的市场需求减少时，生产者会迅速减少产量，并且调整价格，使市场价格迅速下降；（3）最终商品需求的增长引起矿产资源需求的增长，然而矿产资源是最终商品总成本的一部分，并被交易成本替代，从而使矿产品在价格和需求方面的反应不灵敏，意味着矿产品的需求在短期内与市场经济的增长，以及价格弹性有关。（4）大部分的矿产资源是通过合同协议进行买卖的，只有小部分的矿产资源通过市场进行售卖，市场交易不完全开放。因此本书对钼精矿市场价格的预测研究，是建立在供给量的增加与减少不能完全影响钼精矿价格的基础上，即市场不完全有效的基础上。

2.2 ARIMA 时间序列预测方法

2.2.1 时间序列基本概念

（1）平稳性。时间序列的平稳性指的是时间序列波动的内部统计规律不会随着时间变化，是进行线性时间序列预测和分析的基础。如果对于任何的时滞 k 和时间点 t，时间序列 $\{X_t\}$ 和时间序列 $\{X_{t-k}\}$ 的联合分布一致，则时间序列 $\{X_t\}$ 为严平稳时间序列。严平稳的条件比较苛刻，因此一般说的时间序列平稳指的是宽平稳。宽平稳时间序列需要同时满足两个条件：一是均值函数为不随时间变化的常数，二是对于任何的时间点 t 和时滞 k，$\{X_t\}$ 和 $\{X_{t+k}\}$ 的相关系数 $\mathrm{Cov}(X_t, X_{t+k}) = \gamma_k$ 均成立。

（2）均值、自协方差和自相关函数。对于时间序列 X_t 而言，其均值可以表示为：

$$\mu_t = E(X_t), \quad t = 0, \pm 1, \pm 2, \cdots \tag{2-1}$$

式中，E 表示数学期望。

假设 X_t 和 X_s 的均值分别为 μ_t、μ_s，则 X_t 和 X_s 的自协方差函数的数学表达式定义为：

$$\gamma(t,s) = \mathrm{Cov}(X_t, X_s) = E[(X_t - \mu_t)(X_s - \mu_s)] \tag{2-2}$$

对于平稳时间序列，设 $k = s - t$ 及 $\mu = \mu_t = \mu_s$，则有：

$$\gamma_k = \gamma(t,s) = E[(X_t - \mu)(X_s - \mu)] \tag{2-3}$$

即平稳时间序列的自协方差函数仅仅依赖于时间差，与绝对时间无关。

时间序列 X_t 的自相关函数 $\rho_{t,s}$ 的数学定义如下：

$$\rho_{t,s} = \mathrm{Corr}(X_t, X_s) = \frac{\mathrm{Cov}(X_t, X_s)}{\sqrt{\mathrm{Var}(X_t)\mathrm{Var}(X_s)}} = \frac{\gamma_{t,s}}{\sqrt{\gamma_{t,t}\gamma_{s,s}}} \tag{2-4}$$

式中，$\gamma_{t,s}$和$\gamma_{s,s}$分别为序列不同时间间隔的自协方差函数。

自协方差和自相关函数均为衡量随机变量（时间序列）内部之间线性相关程度的指标，当自相关函数值由 1 变到 0 时，变量内部之间的线性相关程度由强到弱。

（3）白噪声。白噪声是白噪声过程的简称，为纯随机时间序列。一旦某个时间序列呈现出纯随机运动的特性，则认为该随机时间序列不包含任何值得提取的有用信息，应该停止对其进行分析。白噪声的定义为：若时间序列 $\{\varepsilon_t\}$ 满足对于任意的 t，$s\in T$，其均值为 μ，方差为 δ^2，协方差为 0，则该时间序列为白噪声序列。

2.2.2　ARIMA 的数学定义

ARIMA 模型（autoregressive integrated moving average model），即为差分的自回归移动平均模型，一般写为 ARIMA(p, d, q)。ARIMA(p, d, q) 模型是由两个模型组合而成，即 AR(p) 模型、MA(q) 模型，其中 p 为自回归项数，q 为滑动平均项数；中间的 d 为非平稳时间序列的差分次数。

（1）AR 模型。AR 模型又称为自回归过程。假设 $\{\varepsilon_t\}$ 是均值为 0、方差为 δ^2 的白噪声时间序列，则一个符合 p 阶自回归过程，均值为 0，独立于 $\{\varepsilon_t\}$ 的时间序列 $\{X_t\}$ 应满足以下方程：

$$X_t = \varphi_1 X_{t-1} + \varphi_2 X_{t-2} + \cdots + \varphi_p X_{t-p} + \varepsilon_t \tag{2-5}$$

若时间序列 $\{X_t\}$ 的均值不等于 0，则上述方程等价为：

$$X_t = \alpha + \varphi_1 X_{t-1} + \varphi_2 X_{t-2} + \cdots + \varphi_p X_{t-p} + \varepsilon_t \tag{2-6}$$

即为一般的 p 阶自回归过程。令式中的 $\alpha = (1 - \varphi_1 - \cdots - \varphi_p)\mu$，令 $\varphi(B) = 1 - \varphi_1 B - \varphi_2 B^2 - \cdots - \varphi_p B^p$，则原方程的特征方程为：

$$1 - \varphi_1 B - \varphi_2 B^2 - \cdots - \varphi_p B^p = 0 \tag{2-7}$$

由于 $E(X_t) = \mu$，μ 为常数，则对任意的 t，$s\in T$，$k = s - t$，$\gamma_k = E[(X_t - \mu)(X_s - \mu)]$ 成立，那么 X_t 是平稳的，即特征方程的根不在单位圆上。

（2）MA 模型。MA 模型为移动平均过程。假设 $\{\varepsilon_t\}$ 是均值为 0、方差为 δ^2 的白噪声时间序列，若时间序列满足方程：

$$X_t = \mu + \theta_1 \varepsilon_{t-1} + \theta_2 \varepsilon_{t-2} + \cdots + \theta_q \varepsilon_{t-q} + \varepsilon_t \tag{2-8}$$

则该时间序列称为 q 阶移动平均过程。令 $\theta(B) = 1 + \theta_1 B^1 + \theta_2 B^2 + \cdots + \theta_q B^q$，则可得特征方程为：

$$1 + \theta_1 B^1 + \theta_2 B^2 + \cdots + \theta_q B^q = 0 \tag{2-9}$$

可以证明，移动平均过程一直是平稳的随机过程。

由于 $\{\varepsilon_t\}$ 白噪声的性质，可以导出 MA(q) 过程的各种矩，由此可以得出

MA(q) 的自相关函数：

$$\gamma_0 = \delta^2(1 + \theta_1^2 + \cdots + \theta_q^2) \tag{2-10}$$

$$\rho_j = \begin{cases} \dfrac{\theta_j + \sum_{1}^{q-j} \theta_i \theta_{i+j}}{1 + \theta_1^2 + \cdots + \theta_q^2}, & j = 1,2,\cdots,q \\ 0, & j > q \end{cases} \tag{2-11}$$

根据上述公式可以得出 MA(q) 的自相关函数 p_j 在 $j > q$ 时为 0，因此可以利用自相关系数来判断 MA 过程的参数 q。

（3）ARIMA 模型。ARMA 模型在使用时，要求时间序列满足平稳性条件。对于非平稳的时间序列，需要采用平稳化的方法，如差分法，对原始时间序列进行处理，使其平稳。对在 ARMA 模型的基础上，进行了差分预处理的模型记作 ARIMA。ARIMA 模型数学表达如下：

$$W_t = \Delta^d X_t = (1 - B)^d X_t \tag{2-12}$$

即若时间序列 X_t 不平稳，就通过差分得到平稳的时间序列 W_t，其中 Δ^d 表示 d 阶差分，B 表示延迟算子。因此能够通过差分后的平稳时间序列 W_t 代替非平稳的 X_t，进行 ARMA 建模，即：

$$W_t = \varphi_1 W_{t-1} + \varphi_2 W_{t-2} + \cdots + \varphi_p W_{t-p} + \varepsilon_t + \theta_1 \varepsilon_{t-1} + \theta_2 \varepsilon_{t-2} + \cdots + \theta_q \varepsilon_{t-q} \tag{2-13}$$

由此得到的模型记为 ARIMA(p，d，q)。

2.2.3 ARIMA 建模过程

使用 ARIMA 进行时间序列预测建模，主要有以下几个步骤：

（1）时间序列平稳性检验及处理。现实世界中的时间序列数据大多数是非平稳的，并不满足 ARMA 预测过程的基本要求，因此需要对原时间序列进行平稳性检测和相应的处理，从而进行 ARMA 模型的识别。

时间序列的平稳性识别目前有两种方法。方法一，首先作出时间序列的时序图，根据时间序列的走势可以初步判断是否为平稳时间序列，即如果时序图带有很明显的趋势，其对应的为非平稳时间序列；在此基础上，可以进一步作出序列的自相关图，若自相关系数迅速减小到零，则时间序列是平稳时间序列。方法二，使用 ADF、KPSS 和 PP 等检验方法检验时间序列是否存在单位方根。在本书的理论介绍中，由于以 R 软件为代表的统计软件中有这三种检验方法的函数包，因此不作详细的介绍。

在实际的时间序列预测问题中，大多数的时间序列是非平稳的时间序列，因此需要对其进行平稳化处理。目前，常使用差分的方法对非平稳的时间序列进行平稳化处理，除此之外还有其他的方法处理非平稳的时间序列。时间序列通过一次差分运算叫做一阶差分。在一阶差分的基础上，可以进行差分之后再差分，其

中 d 阶差分可以表达为

$$\Delta^d X_t = \Delta^{d-1} X_t - \Delta^{d-1} X_{t-1} \tag{2-14}$$

在对非平稳时间序列的差分运算中，由于多次差分会导致原时间序列的某些特点丢失，因此一般选最小的差分次数对非平稳时间序列进行差分。

（2）AR、MA 模型的定阶。在得到平稳的时间序列之后，首先需要对时间序列的过程进行识别，判断其是 AR 过程、MA 过程，还是 ARMA 过程。由于 AR 过程和 MA 过程中序列样本的自相关系数和偏自相关系数存在着不同的性质，因此可以根据其各自的性质对时间序列进行模型的识别和定阶。

时间序列的 k 阶自相关函数的表达式为：

$$\rho_k = \frac{\sum_{t=k+1}^{n} (x_t - \mu)(x_{t-k} - \mu)}{\sum_{t=1}^{n} (x_t - \mu)}, \quad k = 1,2,\cdots \tag{2-15}$$

式中，x_t 为 t 时刻时间序列 X_t 的观测值；μ 为该时间序列的均值。

时间序列的 k 阶偏相关函数的表达式为：

$$\varphi_{kk} = \frac{\rho_k - \sum_{j=1}^{k-1} \varphi_{k-1,j}\,\rho_{k-j}}{1 - \sum_{j=1}^{k-1} \varphi_{k-1,j}\,\rho_j}, \quad k = 1,2,\cdots,\ j = 1,2,\cdots,\ k-1 \tag{2-16}$$

计算中，$\varphi_{k,j} = \varphi_{k-1,j} - \varphi_{kk}\varphi_{k-1,k-j}$，$\rho_k$ 为自相关函数。

通过式（2-15）和式（2-16），分别计算时间序列样本的自相关和偏相关系数，然后绘制序列图，根据表 2-1 对原时间序列进行模型识别和初步的定阶。在确定好一组参数 p 和 q 之后，构建不同参数下的时间序列模型，通过计算和选择 BIC 或 AIC 值最小的模型，从而得到最优的 ARMA$(p,\ q)$ 模型。

表 2-1　ACF 和 PACF 图的拖尾和截尾性质与 ARMA 模型对照

图形	AR(p)	MA(q)	ARMA(p,q)
ACF 图	拖尾	q 阶拖尾后，截尾	拖尾
PACF 图	p 阶拖尾后，截尾	拖尾	拖尾

（3）参数估计。目前，对于定好阶的时间序列模型的参数估计多数采用极大似然估计法、矩估计或最小二乘法估计。采用极大似然估计方法对模型的参数进行估计，即对 ARMA 模型需要估计的参数构建似然函数。先假设时间序列 $\varphi(B)X_t = \theta(B)\varepsilon_t$ 的参数 p、q 是已知的，并设时间序列的均值为 0。假设白噪声 $\{\varepsilon_t\}$ 为独立同分布的正态分布，令 $\boldsymbol{X}_t = (X_1,\ \cdots X_n)^{\mathrm{T}}$，$\boldsymbol{\varphi}_t = (\varphi_1,\ \cdots\varphi_p)^{\mathrm{T}}$，$\boldsymbol{\theta}_t = (\theta_1,\ \cdots\theta_q)^{\mathrm{T}}$，则似然函数为：

$$L(\varphi,\theta,\delta^2 | \boldsymbol{X}_t) = \frac{1}{2\pi^{n/2} |\boldsymbol{\Gamma}_n|^{1/2}} \exp\left(-\frac{1}{2}\boldsymbol{X}_t^{\mathrm{T}}\boldsymbol{\Gamma}_n^{-1}\boldsymbol{X}_t \right) \tag{2-17}$$

式中，$\boldsymbol{\Gamma}_n$ 为 $\boldsymbol{X}_t$ 的协方差矩阵；$|\boldsymbol{\Gamma}_n|$ 为 $\boldsymbol{\Gamma}_n$ 的行列式，为参数 φ、θ、δ^2 的函数。φ、θ、δ^2 的最大似然估计是使上面的似然函数达到最大值。

（4）模型检验。ARIMA(p, d, q) 的参数估计结束之后，在模型应用之前需要对模型拟合的残差进行最后的检验，根据检验结果来判断模型的合理性。模型拟合的残差表达为：

$$e_t = x_t - \hat{x}_t \tag{2-18}$$

式中，e_t 表示残差；x_t 为时间序列观测值；$\hat{x}_t$ 为模型的拟合值。

对模型拟合的残差构建 LB 统计量，检验拟合残差是否为白噪声。模型拟合结果较好则检验的结果为白噪声，即时间序列中的有用信息被完全提取。否则应该对模型进行调整，对原时间序列重新进行拟合。LB 统计量的表达式为：

$$\mathrm{LB} = m(m+2)\sum_{k=1}^{n}\left(\frac{\hat{\rho}_k^2}{m-k}\right) \sim \chi^2(n), \quad \forall n > 0 \tag{2-19}$$

2.3 神经网络预测理论

人工神经网络是在研究人脑认知和神经信息传导过程中形成的新兴交叉学科，是通过对神经元的结构和功能的模拟，构建的基于数学表达式的信息处理模型。20 世纪 40 年代，美国的心理学家 McCulloch 和数学家 Pitts 首次构建 M-P 神经元模型。自 Hebb 学习规则提出以后，人工神经网络科学研究得到迅速发展，在过去的 70 年间形成了许多不同类型的神经网络结构原型。本书在神经网络理论介绍的过程中，仅对 BP 神经网络和长短时记忆神经网络（LSTM）作较详细的理论介绍。

2.3.1 BP 神经网络

2.3.1.1 BP 神经网络结构

BP 神经网络依靠误差反向传播进行学习，是前馈型神经网络，一般存在三种层次的网络结构，分别为输入层、输出层和隐含层。输入层和输出层是单层网络。针对问题的复杂程度，隐含层能适当地由单层向多层进行调节。当问题比较简单的时候，隐含层采用单层的网络即可满足整个网络对问题的映射；当问题比较复杂的时候，可以通过增加隐含层的层数增加 BP 神经网络的映射能力。然而，隐含层层数不能无节制地增加，否则会因为网络的层数过多，使模型训练失效。在实际中，通过调节隐含层神经元的数量，采用三层的网络结构就可以解决大多数线性和非线性映射问题。三层输入输出结构的 BP 神经网络如图 2-1 所示，图中的每一个节点表示一个神经元。神经元的结构如图 2-2 所示。

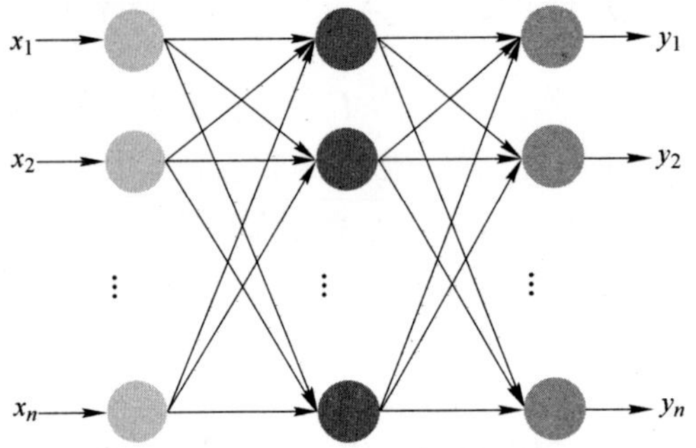

图 2-1　三层的 BP 神经网络结构

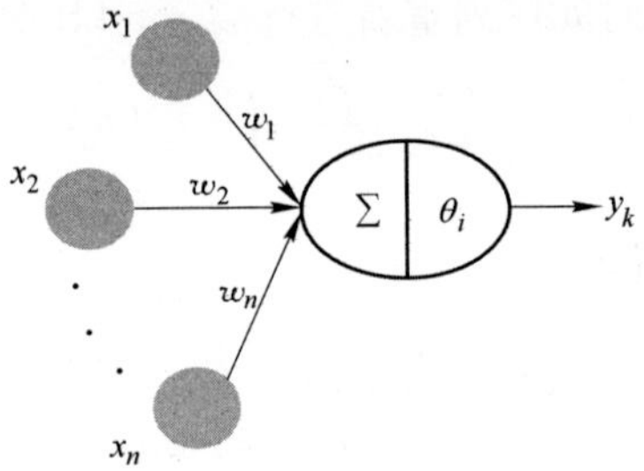

图 2-2　神经元结构

针对不同的应用问题，三层的 BP 神经网络也存在着不同的输入输出形式。对于二分类问题，模型输入输出为多输入、二输出的形式，即网络的输入层节点为多个，输出层节点为两个；对于多分类和模式识别问题，模型一般为多输入多输出，即多个输入节点和多个输出节点；对于函数逼近问题，如回归，模型输入输出为多输入、单输出，即多个输入节点，一个输出节点。在本书中，BP 神经网络的输入输出采用多输入、单输出的形式，具体细节将在第 2. 3. 2. 2 节进行详细介绍。

2. 3. 1. 2　BP 神经网络的学习方法

BP 神经网络采用有监督的方式进行学习，这种学习方式分为两个过程：首先，对输入的数据集进行正向计算；然后，比较网络的输出值和期望值，反向传播两者之间的误差，同时修正每个神经元的权值。下文对 BP 神经网络的数学模型表达式进行详细介绍。

BP 神经网络神经元正向传播过程中的输入值、输出值表达式为：

$$hi_i^l = \sum_{j=1}^{n\{l-1\}} w_{ij}^l \, ho_j^{l-1} + b_i^l \qquad (2\text{-}20)$$

$$ho_i^l = f(hi_i^l) \tag{2-21}$$

式中，w_{ij}^l 为网络中第 $l-1$ 层的第 j 个神经元与第 l 层的第 i 个神经元之间的连接权重；hi_i^l 为第 l 层第 i 个神经元的输入值；ho_j^{l-1} 为第 $l-1$ 层第 j 个神经元的输出值；b_i^l 为第 l 层第 i 个神经元的偏置；$n\{l-1\}$ 为第 $l-1$ 层神经元的个数；$f(\cdot)$ 为神经元的激活函数。其中，常用的激活函数有线性加权函数、sigmod 函数、logistics 函数等。

反向传播过程中的误差表达式为：

$$E = \frac{1}{2m}\sum_{i=1}^{m}\sum_{k=1}^{n}(h_k(i) - y_k(i))^2 \tag{2-22}$$

式中，E 为总的误差；$h_k(i)$ 为网络输出层第 k 维第 i 个实际输出值；$y_k(i)$ 第 k 维第 i 个期望输出值。

网络每次的训练过程中，权值和偏置的更新表达式为：

$$w_{ij}^{l'} = w_{ij}^l - \eta\frac{\partial E}{\partial w_{ij}^l} \tag{2-23}$$

$$b_i^{l'} = b_i^l - \eta\frac{\partial E}{\partial b_i^l} \tag{2-24}$$

式中，$w_{ij}^{l'}$为更新后的权值；w_{ij}^l为更新前的权值；η 为学习率。

因此，误差反向传播的过程中的关键是求 w_{ij}^l 和 b_i^l 的偏导数。BP 神经网络算法可以用图 2-3 的流程进行描述。

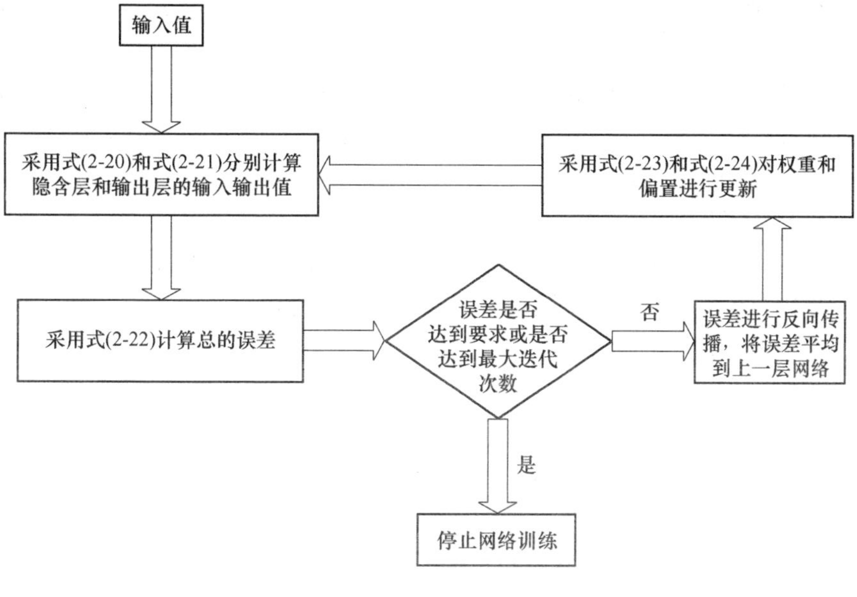

图 2-3　BP 神经网络算法流程

2.3.1.3　BP 神经网络建模步骤

使用 matlab 软件对 BP 神经网络建模，主要有以下几个步骤：

第 1 步　对实际问题进行分析，确定问题的类型，如分类问题、函数逼近问题；

第 2 步　通过问题分析，确定模型的输入输出数据，并构造输入输出数据集；

第 3 步　对数据进行归一化处理，并构造出训练数据集和测试数据集；

第 4 步　根据问题确定神经网络的结构及超参数，如隐含层层数及神经元个数、各层激活函数类型、训练函数、学习率、最大迭代次数、允许误差等；

第 5 步　使用 newff 函数构建神经网络模型，并将训练数据集输入到网络中，对网络进行训练；

第 6 步　使用测试函数对训练好的模型进行仿真测试；

第 7 步　对仿真结果进行分析与评价；

第 8 步　若结果满意则将模型用到实际问题中，如果结果未达到要求，则对第 4 步进行网络结构和参数的调整，并重复第 5 ~ 8 步。

2.3.2　LSTM 神经网络

2.3.2.1　LSTM 神经网络结构

LSTM 神经网络采用一种特殊的神经元结构，即记忆神经元，用来解决循环神经网络（RNN）在学习有长期依赖关系的时间序列时存在的梯度消失问题。从本质上来说，LSTM 只是 RNN 的个例。相比于传统的 RNN 神经元，LSTM 的神经元中存在着三种“门”结构，这三种“门”结构分别为“输入门”“遗忘门”和“输出门”。当信息在 LSTM 神经元中进行传输的时候，这三种类型的门有着不同的功能。当信号从外界经由“输入门”输入后，神经元的状态将被改变；“遗忘门”有选择忘记或者记住神经元前一个状态的能力；“输出门”能够控制神经元信号的输出，并对神经网络中相邻的下一个神经元产生影响。图 2-4 所示为 LSTM 神经网络中这三种“门”结构的示意图。

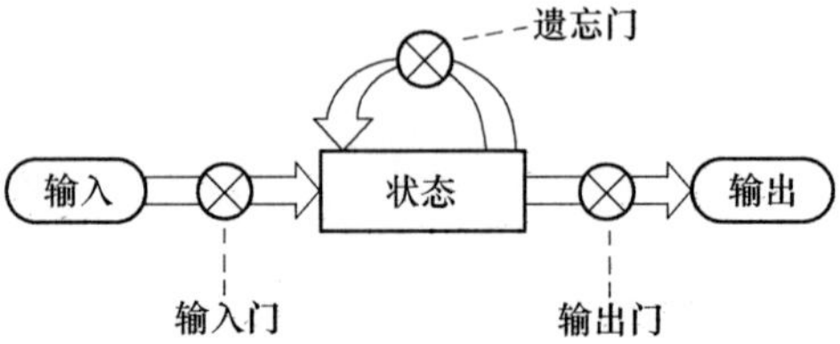

图 2-4　LSTM 神经元中三种门结构示意图

与其他神经网络一样，LSTM 神经网络也具有类似的空间拓扑结构，即由单个神经元相互连接构成，信息流在神经网络中进行逐层传递。但是与一般的前馈型网络相比，LSTM 神经网络的隐含层的神经元具有循环结构，如图 2-5 所示。

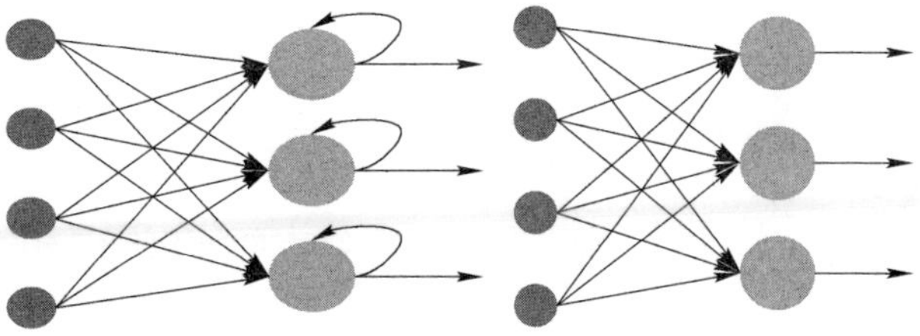

图 2-5　LSTM 神经网络与前馈神经网络对比
（a）LSTM 神经网络；（b）前馈神经网络

将 LSTM 神经网络按照时间维度进行展开时，可以得到如图 2-6 所示的单元结构。

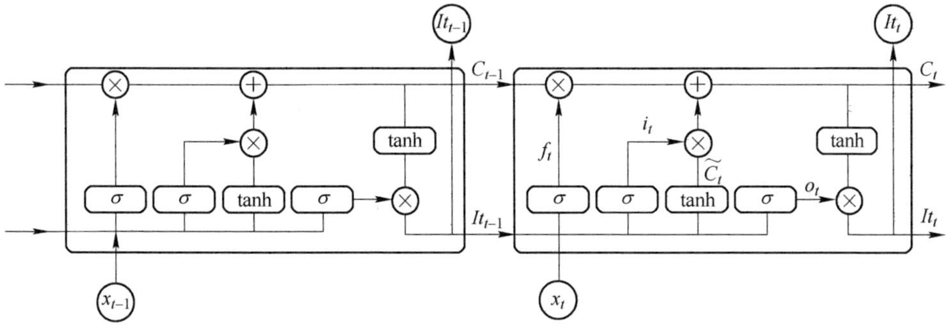

图 2-6　LSTM 时间序列展开

2.3.2.2　LSTM 神经网络的数学分析

本书结合 LSTM 的时序展开模型，如图 2-6 所示的单元结构，对每个“门”进行输入、门限、输出数学分析。图中的符号⊗和⊕分别表示相乘、相加，箭头表示信息的流动方向。

（1）输入门。输入门的作用是确定输入值中有多少成分保留在神经元新状态中，具体公式为：

$$i_t = \sigma(W_i \times x_t + U_i \times h_{t-1} + b_i) \tag{2-25}$$

$$\widetilde{C}_t = \tanh(W_c \times x_t + U_c \times h_{t-1} + b_c) \tag{2-26}$$

式中，i_t 表示 t 时刻输入门限；σ 为 sigmoid 激活函数；W_i、U_i、W_c、U_c 为权值；

x_t 为输入值；h_{t-1}为 $t-1$ 时刻的输出值；b_i、b_c 为偏置；$\tilde{C}_t$ 为对应的应保留的状态；tanh 为激活函数。

（2）遗忘门。遗忘门的作用是确定 $t-1$ 时刻的神经元状态有多少应保留到神经元新的状态当中，具体表达式为：

$$f_t = \sigma(W_f \times x_t + U_f \times h_{t-1} + b_f) \tag{2-27}$$

式中，f_t 表示 t 时刻遗忘门限；σ 为 sigmoid 激活函数；W_f、U_f 为权值；x_t 为输入值；h_{t-1}为 $t-1$ 时刻的输出值；b_f 为偏置。

（3）输出门。输出门的作用是控制神经元状态的输出，具体表达式为：

$$o_t = \sigma(W_o \times x_t + U_o \times h_{t-1} + b_o) \tag{2-28}$$

式中，o_t 表示 t 时刻输出门限；σ 为 sigmoid 激活函数；W_o、U_o 为权值；x_t 为输入值；h_{t-1}为 $t-1$ 时刻的输出值；b_o 为偏置。

信息经过输入门和遗忘门，对神经元的状态进行更新，神经元状态的更新公式为：

$$C_t = f_t \times C_{t-1} + i_t \times \tilde{C}_t \tag{2-29}$$

式中，C_t 为神经元的新状态；f_t、i_t 分别为遗忘门和输入门；C_{t-1}为上一时刻的状态；$\tilde{C}_t$ 为应保留的状态。

信息经过输出门，即可得到神经元的输出值，具体表达式为

$$h_t = o_t \times \tanh(C_t) \tag{2-30}$$

式中，h_t 为神经元 t 时刻的输出值；o_t 为输出门限；tanh 为激活函数；C_t 为神经元 t 时刻的状态。

2.3.2.3 LSTM 神经网络训练优化

LSTM 神经网络在每一时刻对应着一个监督值 y_t，可通过构建总的损失函数来对网络的参数进行优化，损失函数为：

$$J(\theta) = \sum_{t=1}^{T} \text{loss}(\hat{y}_t, y_t) \tag{2-31}$$

式中，$J(\theta)$ 表示优化目标；θ 表示被优化的参数。优化的核心是对 θ 进行优化，使得 $J(\theta)$ 的值最小。在优化方式有随机梯度下降（SGD）算法、RMSprop 算法、Adam 算法等。

2.4 改进的 PSO-GRNN 预测模型

广义回归神经网络是以非线性回归理论为基础的一种神经网络模型，与传统 BP 网络相比，广义回归神经网络模型数据拟合效果更好，学习速度上也有更大的优势，特别是，当训练样本很小时可以实现更好的回归预测效果。在矿产品预测领域，GRNN 模型已成功应用于煤矿瓦斯涌出量预测研究。

2.4.1 GRNN 模型

如果自变量 x 及其函数 y 都是随机变量，则联合概率密度函数表示为 $f(x, y)$。设 x 的观测值为 X，函数 y 基于 X 的值为 Y，则其数学期望值 $\hat{Y}$ 为：

$$\hat{Y} = E(y|X) = \frac{\int_{-\infty}^{\infty} yf(X,y)\mathrm{d}y}{\int_{-\infty}^{\infty} f(X,y)\mathrm{d}y} \tag{2-32}$$

假定 $f(x, y)$ 服从正态分布，则有

$$\hat{f}(X,Y) = \frac{1}{n(2\pi)^{(d+l)/2}\sigma^{d+l}} \cdot \sum_{t=1}^{n} \left\{\exp\left[-\frac{(X-X_t)^{\mathrm{T}}(X-X_t)}{2\sigma^2}\right]\exp\left[-\frac{(Y-Y_t)^2}{2\sigma^2}\right]\right\} \tag{2-33}$$

式中，n 为学习样本的数量；d 为随机变量 x 的维数；σ 为光滑因子。

用 $\hat{f}(X, Y)$ 代替 $f(X, y)$ 并代入式（2-32），整理可得：

$$\hat{Y} = \frac{\sum_{i=1}^{n} Y_i \exp\left[-\frac{(X-X_t)^{\mathrm{T}}(X-X_t)}{2\sigma^2}\right]}{\sum_{i=1}^{n} \exp\left[-\frac{(X-X_t)^{\mathrm{T}}(X-X_t)}{2\sigma^2}\right]} \tag{2-34}$$

若令

$$P_i = \exp\left[-\frac{(X-X_t)^{\mathrm{T}}(X-X_t)}{2\sigma^2}\right] \tag{2-35}$$

$$S_N = \sum_{i=1}^{n} Y_i P_i \tag{2-36}$$

$$S_D = \sum_{i=1}^{n} P_i \tag{2-37}$$

将式（2-36）、式（2-37）代入式（2-34），有

$$\hat{Y} = \frac{S_N}{S_D} \tag{2-38}$$

上述 GRNN 模型由 4 层网络构成，从先到后分别为输入层、模式层、求和层和输出层，如图 2-7 所示。

其中，输入层接收学习样本，其神经元数量等于样本向量的维数；模式层接收输入层发送的信息，并在通过式（2-35）转换后将其发送到求和层；在求和层中有两种类型的神经元，模式层中数据分别由这两种神经元通过式（2-36）和式（2-37）进行求和；输出层最终计算结果为式（2-38）。

GRNN 模型结构简单，只需要一个参数，即平滑因子 σ，从而最大限度地减少了模型参数选择的人为因素的影响，降低了网络结构设计的随机性。目前，σ 的选择主要采用手动调整方法，存在效率低、精度差的问题。在数学上，σ 的确

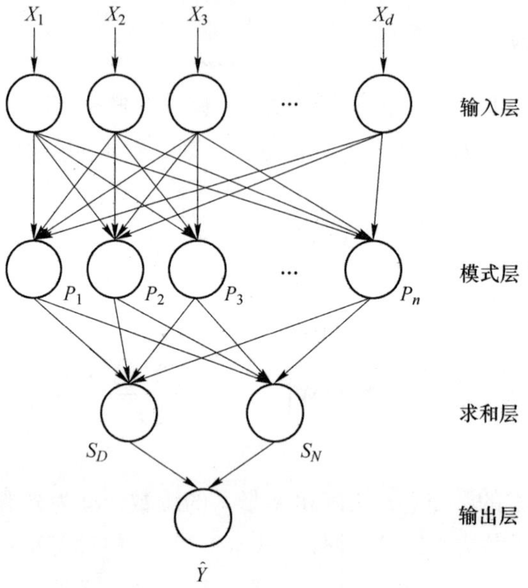

图 2-7　广义回归神经网络结构

定本质上是优化问题，即通过找到最优 σ，使 GRNN 输出值与训练样本的实际值之间的均方误差最小化。本书采用粒子群优化算法对 GRNN 模型进行优化，并用 Matlab 程序实现。

2.4.2　基于改进粒子群算法的 GRNN 模型优化

粒子群优化算法是由 Kennedy 和 Eberhart 等学者共同开发的一种算法，来源于对一个简化社会模型的模拟，主要用于求解优化问题。最初的雏形来源于人工生命研究，Kennedy 等通过对鸟群在觅食过程中一系列行为的观察和研究，提出了基于全局的随机搜索算法。根据求解的问题，在 d 维空间中，随机生成包含 N 个粒子的粒子群。粒子 $i(i=1, 2, \cdots, N)$ 的位置可以表示为向量 $\boldsymbol{x}_i=(x_{i1}, x_{i2}, \cdots, x_{id})$，根据 $\boldsymbol{x}_i$ 可以判断该位置是否合适，也就是使用 $\boldsymbol{x}_i$ 来计算适应度，用 $f(\boldsymbol{x}_i)$ 来表示。粒子 i 的速度可以表示为向量 $\boldsymbol{v}_i=c(v_{i1}, v_{i2}, \cdots, v_{id})$，它经过的最合适的位置 $\boldsymbol{p}_{\mathrm{best}i}=(p_{i1}, p_{i2}, \cdots, p_{id})$，种群所经历过的最合适的位置 $\boldsymbol{g}_{\mathrm{best}}=(g_1, g_2, \cdots, g_d)$。粒子位置更新如图 2-8 所示。

每个粒子可以根据其当前所在的位置 $\boldsymbol{x}_i$、自身找到的最佳位置 $\boldsymbol{p}_{\mathrm{best}i}$ 以及群体找到的最佳位置 $\boldsymbol{g}_{\mathrm{best}}$，按照式（2-39）和式（2-40）来调整，以找到最优解 $\boldsymbol{x}_{\mathrm{best}}$：

$$v_{id}^{k}=\omega \cdot v_{id}^{k-1}+c_1 r_1 (p_{\mathrm{best}_{id}}-x_{id}^{k-1})+c_2 r_2 (g_{\mathrm{best}_d}-x_{id}^{k-1}) \tag{2-39}$$

$$x_{id}^{k}=x_{id}^{k-1}+v_{id}^{k-1} \tag{2-40}$$

式中，v_{id}^{k}是第 k 迭代粒子 i 移动的速度向量的第 d 维分量；x_{id}^{k}是第 k 迭代粒子 i

位置向量的第 d 维分量；c_1、c_2 是加速度常数，用于调节学习最大步长；r_1、r_2 是两个取值范围为［0，1］的两个随机数，用于增加搜索的随机性；ω 是惯性权重，通常采用非负数，用于调整解空间的搜索范围：当 $\omega=1$ 时，算法为基本粒子群算法；当 $\omega=0$ 时，算法将失去粒子对自身速度的记忆。PSO 常用的惯性权重控制方案是使 ω 线性递减。

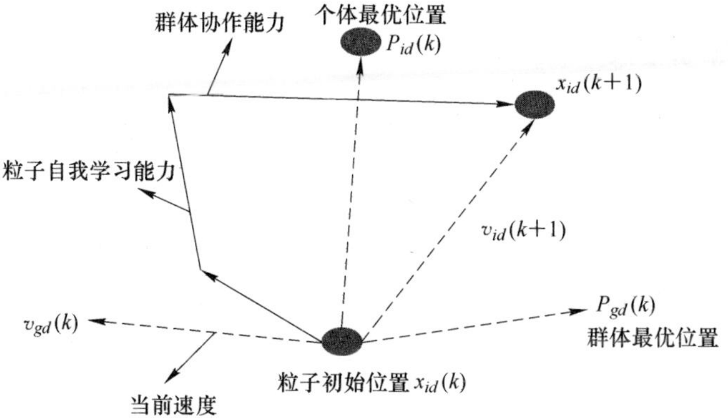

图 2-8　粒子位置更新示意图

由公式可知，v_{id}^k 由三部分组成，第一部分 $\omega \cdot v_{id}^{k-1}$ 为惯性部分，它表示维持粒子已有速度的趋势；第二部分 $c_1 r_1(p_{\text{best}_{id}} - x_{id}^{k-1})$ 为认知部分，代表了粒子对历史经验的记忆，并且倾向于接近自己的历史最佳位置；第三部分 $c_2 r_2(g_{\text{best}_d} - x_{id}^{k-1})$ 为社会部分，它代表了群体之间协同和知识共享的群体历史经验，以及群体或领域最佳位置并向其靠近的趋势。在模型达到迭代终止条件后，将全局中最佳位置处的粒子 $\boldsymbol{g}_{\text{best}}$ 作为目标问题的最优解。

（1）惯性权重的改进。惯性权重对 PSO 的收敛性能有很大影响，线性递减权重会使算法在迭代后期的局部搜索能力变差，为提高 PSO 的全局搜索能力和局部寻优能力，经多次试验，设置惯性权重非线性变化，如式（2-41）所示：

$$\omega_i^k = \omega_{\max} - (\omega_{\max} - \omega_{\min})\sqrt{\frac{k}{N}} \tag{2-41}$$

式中，ω_i^k 是第 i 个粒子在第 k 次迭代中的取值；N 为提前设定的最大迭代次数；$\omega_{\max}$ 和 $\omega_{\min}$ 分别为最大惯性权重和最小惯性权重。

（2）学习因子的改进。学习因子 c_1 和 c_2 分别反映 PSO 中粒子的自我学习能力和群体协作能力，在迭代过程中，这两种能力非线性变化。随着迭代次数增加，要求 c_1 由大变小，c_2 由小变大，分别利于前期全局搜索和后期局部精细搜索，而标准 PSO 将 c_1 和 c_2 均设为 2，无法满足要求。基于此，引入余弦函数，改进学习因子，公式如下：

$$\begin{cases} c_1 = 2\sqrt{\cos\left(\dfrac{\pi}{2}\cdot\dfrac{k}{N}\right)} \\ c_2 = 2\sqrt{1-\cos\left(\dfrac{\pi}{2}\cdot\dfrac{k}{N}\right)} \end{cases} \tag{2-42}$$

式中，c_1、c_2 的上限为2；c_1 为单调递减函数；c_2 为单调递增函数，取值范围为[0，2]。

2.4.3　钼精矿价格预测模型的构建

基于改进 PSO-GRNN 的钼精矿价格预测模型基本结构如图 2-9 所示。

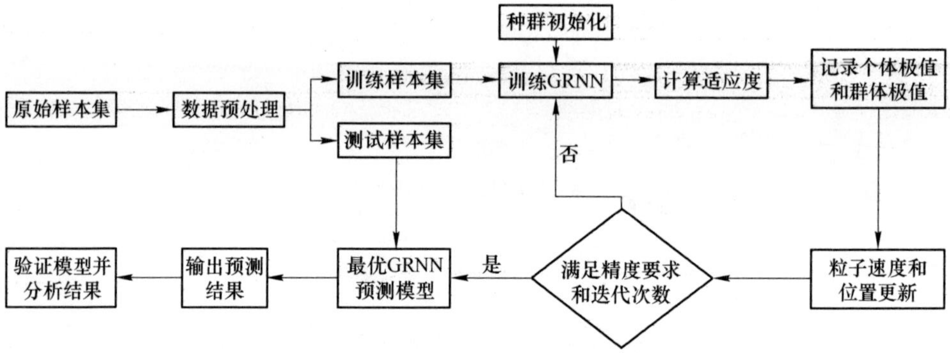

图 2-9　钼精矿价格预测架构

基于改进 PSO-GRNN 的钼精矿价格预测模型构建详细流程如下：

（1）构建指标体系。根据钼精矿历史价格数据，结合其影响因素，构建钼精矿价格预测指标体系，确定原始样本集。

（2）数据预处理。由于指标的维数不一致，根据式（2-43），训练样本集数据需要归一化。

$$x_{ij}^{*} = \frac{x_{ij} - \min(x_j)}{\max(x_j) - \min(x_j)} \tag{2-43}$$

式中，x_{ij}为第 i 个钼精矿价格样本的第 j 个指标值；$\max(x_j)$ 和 $\min(x_j)$ 分别为第 j 个指标的最大值和最小值；x_{ij}^{*} 为归一化后的结果。

在训练和测试完成之后，需要对输出结果进行反归一化处理，将预测输出的测试值由［0，1］之间转换为实际输出值，用式（2-44）进行反归一化处理。

$$x = y \times (x_{\max} - x_{\min}) + x_{\min} \tag{2-44}$$

（3）训练模型。将核心指标数据分为训练样本和测试样本，训练样本用作模型的输入，并用 GRNN 的预测值和实际值之间的均方偏差（MSE）作为适应度函数，在 MSE 最小化目标下，用改进的 PSO 找到最优光滑因子 σ 以确定最佳

PSO-GRNN 模型。

（4）分析结果。将测试样本输入到训练好的 PSO-GRNN 模型中，得到钼精矿价格预测结果，并对结果进行验证和分析。

2.5 灰色-马尔科夫预测模型

2.5.1 GM(1，1) 模型

GM(1，1) 模型是灰色模型（grey model）基于时间序列分析法建立的一个变量一个方程的预测模型。它通过把一组杂乱无规律的离散数据先累加生成一组新的数据序列，进而弱化原始数据的随机性和波动性，之后增加数据信息的白化程度得到数据变化规律。其基本算式如下。

假设 $x^{(0)}$ 为 n 个元素的原始数列：

$$x^{(0)}=(x^{(0)}(1),x^{(0)}(2),x^{(0)}(3),\cdots,x^{(0)}(n-1),x^{(0)}(n)) \tag{2-45}$$

将 $x^{(0)}$ 做一次累加，得到 1 次累加生成数列（简称 1-AGO）：

$$x^{(1)}=(x^{(1)}(1),x^{(1)}(2),x^{(1)}(3),\cdots,x^{(1)}(n-1),x^{(1)}(n)) \tag{2-46}$$

其中，

$$x^{(1)}(k)=\sum_{i=1}^{k}x^{(0)}(i),\quad k=1,2,\cdots,n-1,n \tag{2-47}$$

新形成的 $x^{(1)}$ 序列具有一定的规律性，可以认为是时间 t 函数，表示为：

$$x^{(1)}=x^{(1)}(t)$$

再求均值（mean）数列，即：

$$z^{(1)}(k)=\lambda x^{(1)}(k)+\lambda x^{(1)}(k-1),\quad k=2,3,4,\cdots,n-1,n \tag{2-48}$$

其中，这里分辨率系数 λ 通常被设置为 0.5。

均值数列可表示为：$z^{(1)}=(z^{(1)}(2),z^{(1)}(3),z^{(1)}(4),\cdots,z^{(1)}(n-1),z^{(1)}(n))$，建立 GM(1，1) 灰微分方程：

$$x^{(0)}(k)+az^{(1)}(k)=b,\quad k=2,3,4,\cdots,n-1,n \tag{2-49}$$

其对应的 GM(1，1) 白微分方程为：

$$\frac{\mathrm{d}x^{(1)}}{\mathrm{d}t}+ax^{(1)}(t)=b \tag{2-50}$$

记 $\boldsymbol{u}=(a,\ b)^{\mathrm{T}}$，$\boldsymbol{Y}_n=(x^{(0)}(2),x^{(0)}(3),x^{(0)}(4),\cdots,x^{(0)}(n-1),x^{(0)}(n))^{\mathrm{T}}$，

$$\boldsymbol{B}=\begin{bmatrix}-z^{(1)}(2) & 1\\ -z^{(1)}(3) & 1\\ \vdots & \vdots\\ -z^{(1)}(n) & 1\end{bmatrix}$$

按最小二乘法求使得：$\min\|\boldsymbol{Y}_n-\boldsymbol{B}\cdot\hat{\boldsymbol{u}}\|^2=\min(\boldsymbol{Y}_n-\boldsymbol{B}\cdot\hat{\boldsymbol{u}})^{\mathrm{T}}(\boldsymbol{Y}_n-\boldsymbol{B}\cdot\hat{\boldsymbol{u}})$ 的最小二乘解，有 $\hat{\boldsymbol{u}}=(\hat{a},\ \hat{b})^{\mathrm{T}}=(\boldsymbol{B}^{\mathrm{T}}\boldsymbol{B})^{-1}\boldsymbol{B}^{\mathrm{T}}\boldsymbol{T}_n$，可求得方程（2-47）的解为：

$$x^{(1)}(k+1)=\left(x^{(0)}(1)-\frac{b}{a}\right)e^{-ak}+\frac{b}{a},\quad k=1,2,3,\cdots,n-1,n \tag{2-51}$$

其中，

$$a=\frac{\sum_{k=2}^{n}z^{(1)}(k)\sum_{k=2}^{n}x^{(0)}(k)-(n-1)\sum_{k=2}^{n}z^{(1)}(k)x^{(0)}(k)}{(n-1)\sum_{k=2}^{n}[z^{(1)}(k)]^{2}-[\sum_{k=2}^{n}z^{(1)}(k)]^{2}} \tag{2-52}$$

$$b=\frac{\sum_{k=2}^{n}[z^{(1)}(k)]^{2}\sum_{k=2}^{n}x^{(0)}(k)-\sum_{k=2}^{n}z^{(1)}(k)\sum_{k=2}^{n}z^{(1)}(k)x^{(0)}(k)}{(n-1)\sum_{k=2}^{n}[z^{(1)}(k)]^{2}-[\sum_{k=2}^{n}z^{(1)}(k)]^{2}} \tag{2-53}$$

上面得到的解式（2-51）是原始数列累加后数列 $x^{(1)}$ 的变化趋势，然后通过式（2-46）、式（2-47）反推，累减并将 a 和 b 值代入式（2-54），得到原始数列在 GM(1，1）模型下的预测值：

$$\begin{aligned}\hat{x}^{(0)}(k+1)&=\hat{x}^{(1)}(k+1)-\hat{x}^{(1)}(k)=(1-e^{a})\left[x^{(0)}(1)-\frac{b}{a}\right]e^{-ak}\\&=De^{-ak},\quad k=1,2,3,\cdots,n-1,n\end{aligned} \tag{2-54}$$

其中，$D=(1-e^{a})\left[x^{(0)}(1)-\frac{b}{a}\right]$，记 $\hat{x}^{(0)}(k+1)=L(k)$，连续的形式可记为 $\hat{x}^{(0)}(t+1)=L(t)$，曲线 $L(t)$ 可以反映原始数列经拟合后的变化趋势。

2.5.2　Markov 模型

通过 GM(1，1）模型获得的原始数列曲线 $L(t)$ 具有了马尔科夫链的非平稳随机性，此时可以曲线 $L(t)$ 为基准，做若干条与曲线 $L(t)$ 平行的曲线，将数据序列分成若干条条形区域，每个区域可代表一个状态，记为 $\otimes_i$，可得状态 $\otimes_i$ 经过 r 步转移到状态 $\otimes_j$ 的转移概率为：

$$P_{ij}=\frac{M_{ij}(r)}{M_i},\quad i,j=1,2,3,\cdots,n-1,n \tag{2-55}$$

式中，$M_{ij}(r)$ 为状态 $\otimes_i$ 经过 r 步转移到状态 $\otimes_j$ 的次数；M_i 为状态 $\otimes_i$ 在数据列中出现的总次数。然后可以得到 r 步状态转移概率矩阵，表示为：

$$\boldsymbol{P}(r)=\begin{bmatrix}P_{11}(r)&P_{12}(r)&\cdots&P_{1n}(r)\\P_{21}(r)&P_{22}(r)&\cdots&P_{2n}(r)\\\vdots&\vdots&\ddots&\vdots\\P_{n1}(r)&P_{n2}(r)&\cdots&P_{nn}(r)\end{bmatrix} \tag{2-56}$$

式中，$P_{i1}+P_{i2}+P_{i3}+\cdots+P_{i(n-1)}+P_{in}=\sum_{j=1}^{n}P_{ij}=1$。

其中$0 \leqslant P_{ij} \leqslant 1$，$i$，$j=0$，1，2，…，$n$，矩阵中每个元素都非负。通过分析状态概率转移矩阵（2-56），可以预测价格体系的未来状态趋势。如果预测对象处于$\otimes_i$状态则查看状态转移概率矩阵$\boldsymbol{P}(r)$中的第i行，如果$\max P_{ij}(r)=P_{im}(r)$，就可以认为下一时刻系统最可能从状态$\otimes_i$转向状态$\otimes_m$，在正常情况下，大多数实际应用仅考虑一步转移概率矩阵。

确定好系统的转移状态也就确定了灰数$\otimes_i$的灰区间$[\tilde{\otimes}_{1i}, \tilde{\otimes}_{2i}]$，其中$\tilde{\otimes}_{1i}$，$\tilde{\otimes}_{2i}$称为灰元，则灰区间的中点可被认为是最可能的预测值$L'(t)$，记：

$$L'(t)=\frac{1}{2}(\tilde{\otimes}_{1i}+\tilde{\otimes}_{2i}) \tag{2-57}$$

$$\tilde{\otimes}_{1i}=L(t)+S_i, \tilde{\otimes}_{2i}=L(t)+V_i \tag{2-58}$$

由式（2-57）、式（2-58）得

$$L'(t)=L(t)+\frac{1}{2}(S_i+V_i) \tag{2-59}$$

式中，S_i、V_i（$i=1$，2，3，…，$n-1$，n）为取得的合适常数。

2.6 组合预测模型

自1969年起，J. M. Bates对投资组合预测进行了系统深入的研究，其研究成果引起了国内外学者的广泛关注。1989年，预测领域的权威学术期刊《Journal of Forecasting》的组合预测栏目，表明了组合预测在目前预测方法中的重要性。中国学者在组合预测研究领域也取得了许多重要的研究成果，如曹长修教授、唐小我教授等在预测领域的权威期刊《电子科技大学学报》《预测》《控制与决策》上发表了许多与组合预测相关的学术论文，为促进我国家投资组合预测理论的发展做出了巨大贡献。自20世纪90年代以来，组合预测已成为国内外预测领域的一个重要研究方向和热门研究课题。Clemen指出，组合预测将成为预测领域研究的主流方向之一。越来越多的专家学者对组合预测方法进行了大量的理论研究，本书基于以前的研究并结合实际需要，提出了一种更适合于钼精矿价格实际情况的组合预测模型。

对于钼精矿价格预测，有必要选择m种不同的预测方法，令$f_1(t)$，$f_2(t)$，…，$f_m(t)$为各预测模型第t期预测值，再分别给预测模型的预测结果赋予不同的权重，即可得组合预测的模型：

$$f(t) = \sum_{i=1}^{m} \omega_i f_i(t) \tag{2-60}$$

式中，ω_i为预测模型中$f_i(i=1, 2, \cdots, m)$的权重。$\omega_i \geqslant 0(i=1, 2, \cdots, m)$且$\sum_{i=1}^{m} \omega_i = 1$。

在预测时，考虑到不同点对预测值的不同影响，基于误差的绝对值加权来衡量预测的准确性更客观。所以，权重 ω_i 就是模型的解：

$$\min S = \sum_{k=1}^{n} \left| \omega_1 e_{1k} + \omega_2 e_{2k} + \cdots + \omega_m e_{mk} \right|$$

$$\text{s. t}\begin{cases}\omega_1 + \omega_2 + \cdots + \omega_m = 1 \\ \omega_i \geqslant 0 (i = 1, 2, 3, \cdots, m)\end{cases} \tag{2-61}$$

令：

$$u_k = \frac{1}{2} \left| \omega_1 e_{1k} + \omega_2 e_{2k} + \cdots + \omega_m e_{mk} \right| + \frac{1}{2} (\omega_1 e_{1k} + \omega_2 e_{2k} + \cdots + \omega_m e_{mk})$$

$$v_k = \frac{1}{2} \left| \omega_1 e_{1k} + \omega_2 e_{2k} + \cdots + \omega_m e_{mk} \right| - \frac{1}{2} (\omega_1 e_{1k} + \omega_2 e_{2k} + \cdots + \omega_m e_{mk})$$

转为一般线性规划模型为：

$$\min S = \sum_{k=1}^{n} (u_k + v_k)$$

$$\text{s. t}\begin{cases}\omega_1 + \omega_2 + \cdots + \omega_m = 1 \\ \omega_i \geqslant 0 \ (i = 1, 2, 3, \cdots, m)\end{cases} \tag{2-62}$$

以上公式中 e_{ik} 是第 i 种预测模型在第 k 时刻的预测误差，使用 Matlab 软件求解可得 ω_i。本书通过采用灰色预测与指数平滑法组合预测模型，以获得更好的预测结果。

2.7 本章小结

本章对钼精矿市场价格预测相关的理论、方法、预测模型进行了系统的总结，包括对钼精矿市场市场经济理论、ARIMA 时间序列预测方法、神经网络预测模型、改进的 PSO-GRNN 预测模型、灰色-马尔科夫预测模型、组合预测模型等，主要内容包括：

（1）从有效市场假说的角度，明确了钼精矿市场价格预测的钼市场为非有效市场。

（2）针对线性和非线性时间序列预测方法，总结了 ARIMA 线性预测方法和神经网络非线性预测方法的基本原理和建模方式。在神经网络的非线预测方法中，着重介绍和阐述了 LSTM 神经网络和 BP 神经网络的原理和建模方式。

（3）构建了基于改进 PSO-GRNN 预测模型、灰色-马尔科夫模型的钼精矿价格预测模型、灰色-马尔科夫预测模型、组合预测模型。

3 基于 EMD-ARIMA-LSTM 的时间序列多步预测

时间序列预测方法，其主要观点认为时间序列的未来值与过去的观测值之间存在着相关关系。预测者采用所有或者部分历史观测值对紧接的单个步长时间序列观测值进行预测，称为时间序列一步预测（one-step-ahead time series prediction）。时间序列一步预测对应的是多步时间序列预测（multi-step-ahead time series prediction），即采用历史观测值对紧接的两个或者两个以上步长时间序列观测值进行预测。多步时间序列预测不同于单步时间序列预测，由于其存在着误差的积累、信息的缺失等问题，因此实现较为精确的预测更加困难。采用时间序列预测的方法对一维钼数据进行中长期预测为多步时间序列预测。针对一维钼数据中长期预测问题，本章提出了一种基于 EMD（empirical model decomposition）的线性和非线性集成时间序列预测方法，主要内容为 EMD 方法及多步预测策略的介绍、多步预测模型的构建、数据集的分析、EMD-ARIMA-LSTM 预测模型构建、模型仿真实验及仿真结果分析。

3.1 EMD 及时间序列多步预测策略

3.1.1 EMD

EMD（即经验模态分解，全称 empirical model decomposition）是一种用来处理非线性、非平稳信号的自适应经验分解方法，由黄锷提出，并逐步推广应用到复杂时间序列的分析与处理。这种方法将原始的复杂时间序列分解为包含某些特征的独立分量，称为固有模态函数（intrinsic mode functions，IMFs）。每一个 IMF 必须满足两条准则：（1）过零点数和极值点数相等或者最大相差为 1；（2）IMF 关于局部零均值对称。在 EMD 方法中，IMFs 和残差序列由“筛选过程”逐步提取出来。假设被处理的时间序列为 x_t（$t=1, 2, 3, \cdots, N$），则 EMD 的“筛选过程”如下：

（1）初始化；

（2）输入时间序列 x_t；

（3）使 $R_t^0=x_t$，$i=1$；

（4）使 $h_t^k=R_t^{i-1}$，$k=0$；

（5）识别 h_t^k 所有的局部极值，并且采用三次样条曲线对极大值和极小值分别插值，获取 h_t^k 的上下包络线；

（6）计算 h_t^k 上下包络线的均值 m_t^k；

（7）更新 $k=k+1$，$h_t^k=h_t^{k-1}-m_t^{k-1}$；

（8）确定 h_t^k 是否满足 IMF 的准则，如果满足，则 $\mathrm{imf}_i=h_t^k$，否则转到 5；

（9）计算 $R_t^i=R_t^{i-1}-\mathrm{imf}_i$，更新 $i=i+1$；

（10）重复 4 ~ 7，直到计算出所有的 IMF。

经过 EMD 的“筛选过程”，原始时间序列 x_t 被分解为 n（$n\leqslant\log_2^N$）个 IMF。因此原始时间序列 x_t 可以用 IMFs 数据集和一个残差序列 r_t 表示：

$$x_t = \sum_{i=1}^{n}\mathrm{imf}_t^i + r_t \tag{3-1}$$

3.1.2　时间序列多步预测策略

时间序列多步预测的定义为，根据过去和现在的时间序列观测值 x_t（$t=1, 2, \cdots, N$），对未来的时间序列观测值 x_{t+h}（$t=1, 2, \cdots, H$）进行预测，其中 h 为具体的预测期数。目前，时间序列多步预测有三种常用的基本策略，分别为迭代策略（iterated strategy）、直接策略（direct strategy）和多输入多输出策略（MIMO，multi-input multi-output strategy）。迭代策略是三种策略中最直接、最简便和最常用的预测策略，其采用每一步的预测值作为下一步预测的输入值，进行一步一步的迭代达到期望的预测期数。由于迭代策略在每一步的预测过程中，都会存在预测误差，在往后一步一步的迭代中，误差的积累会迅速放大，从而造成在整个预测期内预测精度下降。直接策略是为了解决迭代策略存在的误差积累问题而提出的一种预测策略，采用过去和现在的时间序列观测值，通过建立不同的预测模型对预测期内的每一步分别进行预测，从而达到避免迭代策略产生的累计误差的目的。然而直接策略割离了时间序列中相邻两个序列值之间的随机依赖关系，并且由于需要建立大量的预测模型，故不是一种经济的预测策略。多输入多输出策略的提出，是为了解决迭代策略存在的误差积累问题和直接策略存在割离时间序列随机依赖关系的问题，其采用模型多输入多输出结构，通过将观测值和预测值转化为向量的形式，对整个期望预测期进行直接预测。但是，其存在预测不灵活的问题，即一旦预测模型建立，其只能对固定预测期的时间序列值进行预测。综合考虑上述问题，本书选用上述三种方法中最常见的迭代策略进行预测模型的构建。

迭代策略通过最小化样本内时间序列一步预测误差的平方和，从而实现时间序列多步预测。一步预测表达为：

$$x_{t+1}=f(x_t,x_{t-1},\cdots,x_{t-d+1})+\varepsilon \tag{3-2}$$

式中，d 为模型输入时间序列的维度；ε 为随机白噪声。

使训练集，如集合 $\{\varphi_t, x_{t+1}\}$，其中 $\varphi_t \subset \{x_t, x_{t-1}, \cdots, x_{t-d+1}\}$，$t \in \{d, \cdots, N\}$，对构建好的一步预测模型进行训练。模型训练好之后，在计算出前一步预测结果的基础上，采用迭代的策略进行下一步预测，即可实现整个 H 预测期内序列值的预测，从而实现序列的中长期预测。序列的 h 步预测值表示为

$$\hat{x}_{t+h} = \begin{cases} \hat{f}(x_t, x_{t-1}, \cdots, x_{t-d+1}), & h = 1 \\ \hat{f}(\hat{x}_{t+h-1}, \cdots, x_t, \cdots, x_{t+h-d}), & h \in \{2, \cdots, d\} \\ \hat{f}(\hat{x}_{t+h-1}, \cdots, \hat{x}_{t+h-d}), & h \in \{d+1, \cdots, H\} \end{cases} \tag{3-3}$$

3.2 预测模型及数据选取

3.2.1 预测模型构建的基本思想

时间序列预测问题中，最常见的是采用线性模型或者非线性模型预测。无论是线性模型还是非线性模型，都只是对特定时间序列特征的刻画。线性模型能够更好地刻画时间序列中的线性特征，非线性模型能够更好地挖掘时间序列中的非线性特征。对于具有单一特征的时间序列预测问题，采用线性或者非线性建模的方法即可对其特征进行有效的刻画，从而得到精准的时间序列预测结果。但是在现实世界中，大多数时间序列数据为复杂的时间序列，同时包含了一种或者一种以上的线性和非线性特征，此时采用单一的线性或者非线性模型便存在着较大的局限性，达不到精确的预测效果。为了解决复杂时间序列中同时包含的线性、非线性、混沌性等特征，目前存在着两种不同的混合时间序列预测建模思想：一种为线性过滤和非线性预测的建模思想，另一种是基于时间序列分解并分别建立线性或非线性预测模型的思想。本书采用后一种建模思想来构建时间序列预测模型。

基于分解的时间序列预测问题建模思想，最早的研究为对时间序列进行分析，即将时间序列分解为几个确定性的部分（如趋势、周期、季节性等），和随机波动的不确定部分。其中，时间序列中的趋势部分常用 T 表示，周期用 C 表示，季节性用 S 表示，随机波动用 I 表示，分别得到由这几个部分相加的加法模型，相乘的乘法模型和相加、相乘的混合模型。采用这种分解方式构建的经典预测模型有季节性调整的 ARIMA(p, d, q) 模型和周期性调整的 ARIMA(p, d, q) 模型。在此基础上，随着分解技术的发展，近年来逐渐形成了一种采用小波、EMD、EEMD 和 SSA 的数据特征驱动分解集成方法进行复杂时间序列的预测。

依据数据自身的特点，分解集成预测方法的主要思想为“分而治之”，即序列采用分解方法得到不同的分量，依据各个分量的特点，有针对性地对每个分量

构建不同的预测模型，最后将预测模型进行集成。构建分解集成预测模型的主要流程如图 3-1 所示。

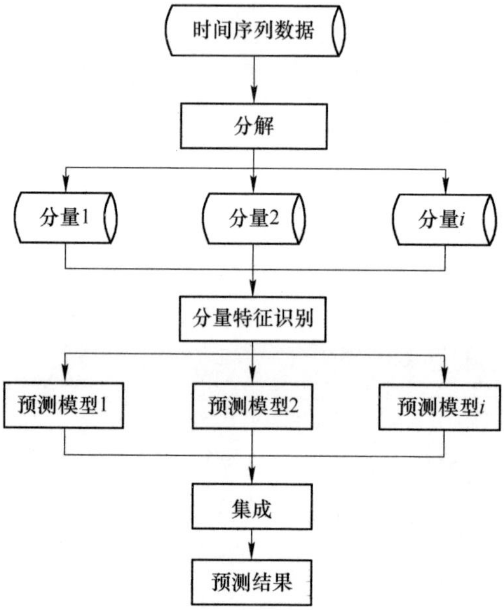

图 3-1　分解集成预测模型建模流程

依据图 3-1 中的分解集成预测模型建模流程，建模的过程可分为三个部分：

（1）将复杂的序列分解为简单的序列。选择合适的分解方法对原始时间序列数据 x_t 进行分解，得到一组简单独立的分量 $c_t^i(i=1, 2, \cdots)$。

（2）依据分量的特征构建分量预测模型。对（1）中得到的分量特征进行分析，然后针对分析的结果构建能够刻画各个分量主要特征的预测模型，最后采用训练好的预测模型对各个分量进行预测，得到各分量的预测结果 $\hat{c}_t^i(i=1, 2, \cdots)$。

（3）采用分量预测结果，构建集成预测模型。采用（2）中的预测结果 $\hat{c}_t^i$，或者根据原始时间序列数据 x_t 的分解特点，对集成预测模型进行构建，并通过集成预测模型得到序列每步的最终预测结果 $\hat{x}_{t+h}=f(\hat{c}_{t+h}^i)$。

3.2.2　EMD-ARIMA-LSTM 多步预测模型框架

本书采用对数据进行分解，然后针对每个分量构建不同的预测模型，最后建立集成预测模型的预测方法，按照预测建模的流程，针对复杂的时间序列数据提出了一种基于 EMD-ARIMA-LSTM 的时间序列多步预测模型，其框架如图 3-2 所示。在该模型中，采用模型的构建流程对其进行说明。首先，采用 EMD 分解技术对原始时间序列进行自适应分解，得到不同的 IMF 分量和分解后的残差；然后，针对分解后得到的各个 IMF 分量进行线性和非线性特征识别，依据其线性和非线性特征对每个分量分别构建 ARIMA 线性和 LSTM 非线性的一步预测模型，并采用各个 IMF 分量分别对预测模型进行训练和拟合；最后采用 IMF 拟合数据和预测数据，用相加的方式构建集成预测模型，使用迭代策略得到原始序列的一步预测拟合值和多步预测值。

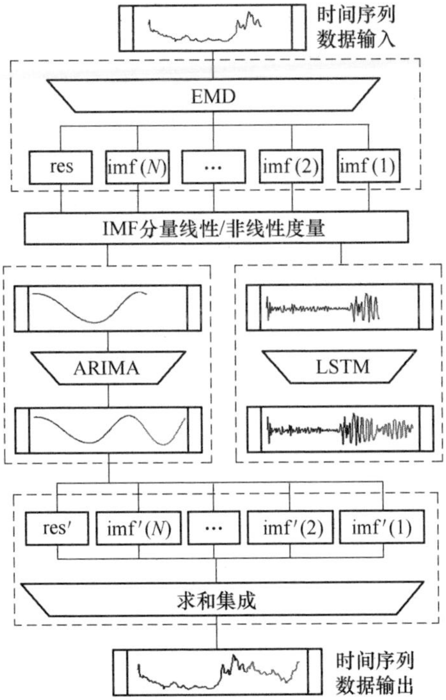

图 3-2 EMD-ARIMA-LSTM 预测模型

3.2.3 建模数据选取与分析

本书提出的多步预测模型是基于数据构建，因此为了构建预测模型以及对预测模型的预测性能进行评估，选取现实世界中 3 种不同的大宗商品市场价格数据分别进行了模型的构建和仿真实验，同时进行交叉验证。这 3 种数据分别为中国钼精矿 2004 年 4 月 ~2018 年 8 月每月的市场价格，一共 173 个月份数据（数据来源：中国钼网）；全球铜金属 1980 年 1 月 ~2017 年 6 月每月的交易价格，一共 450 个数据（数据来源：圣路易斯联邦储备银行调查数据）；全球铝金属 1980 年 1 月 ~2017 年 6 月每月的交易价格，一共 450 个数据（数据来源：圣路易斯联邦储备银行调查数据）。上述 3 种数据的时间序列可视化图分别如图 3-3、图 3-4 和图 3-5 所示。除此之外，本书还对这 3 种数据进行了简单的分析，如数据的平稳性、线性和非线性、复杂程度。

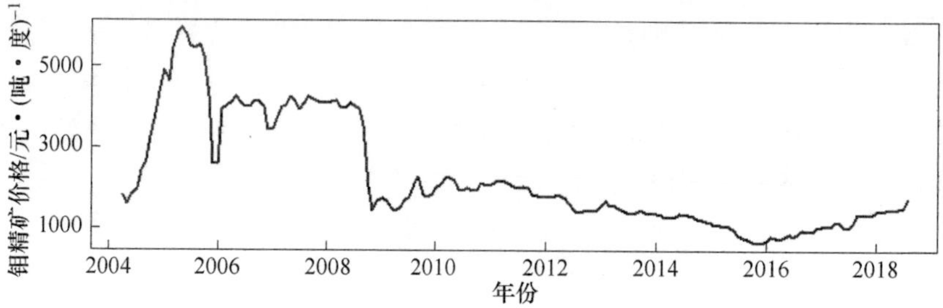

图 3-3　中国钼精矿价格

（数据来源：http：//www.cbcie.com/mo/index.html）

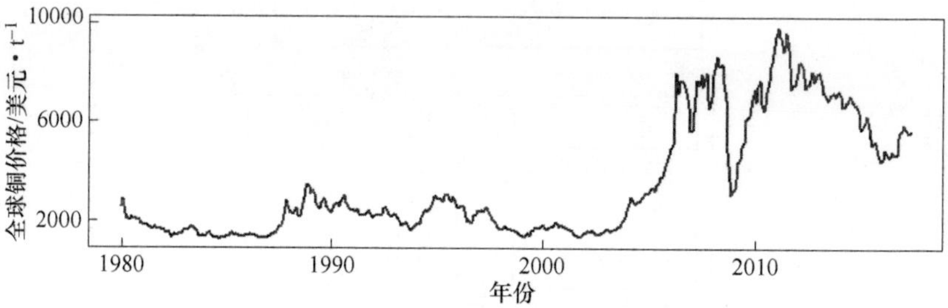

图 3-4　全球铜价

（数据来源：https：//fred.stlouisfed.org）

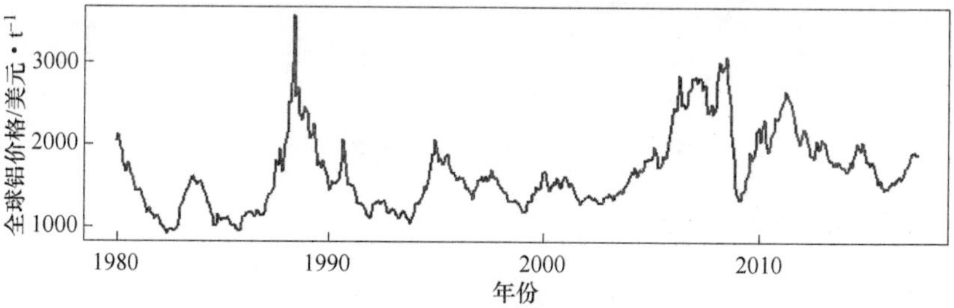

图 3-5　全球铝价

（数据来源：https：//fred.stlouisfed.org）

时间序列数据的平稳性一般采用量化方法进行判断，如序列的单位方根检验。为了保证数据单位方根检验的准确性，本书分别采用 3 种不同的单位方根检验方法，对 3 种数据进行了检验。这 3 种方法分别为 ADF-test、PP-test 和 KPSS-test。ADF-test 和 PP-test 的 H_0 假设都是时间序列存在单位方根，即时间序列是非平稳的；KPSS-test 的 H_0 假设为时间序列不存在单位方根，即时间序列是平稳的。3 种数据的平稳性检验 p 值见表 3-1。

表 3-1 数据的平稳性检验

数据	ADF-Test	PP-Test	KPSS-Test
中国钼精矿价格	0.01	0.07957	0.01
全球铜价	0.3863	0.3523	0.01
全球铝价	0.02205	0.02656	0.01

在表 3-1 中，中国钼精矿价格的 ADF-Test 检验结果表明数据为平稳的，但是 PP-Test 和 KPSS-Test 检验结果表明数据为非平稳数据，因此我们认为中国钼精矿价格为非平稳时间序列；全球铜价的 ADF-Test、PP-Test 和 KPSS-Test 检验结果均表明其为非平稳时间序列；全球铝价的 ADF-Test 和 PP-Test 检验结果表明其为平稳时间序列，但是 KPSS-Test 检验结果表明数据为非平稳时间序列，因此我们还是认为全球铝价序列为非平稳序列。

对 3 种数据的线性和非线性判断，采用线性回归残差分析法。其过程为，首先对时间序列进行 ARIMA 线性模型拟合，然后采用 BDS-test 对线性拟合的残差进行独立性检验，检验结果见表 3-2。

表 3-2 数据的线性判断

数据	拟合模型	相空间维数			
		2		3	
		统计量	p 值	统计量	p 值
中国钼精矿价格	ARIMA（2，1，2）	6.1527	0	8.6232	0
全球铜价	ARIMA（2，1，0）	10.095	0	14.4795	0
全球铝价	ARIMA（3，1，1）	8.3430	0	10.8989	0

从表 3-2 中可以得到，BDS-Test 分别对 3 种数据的相空间维数 2 维和 3 维进行了检验，检验的 p 值都为零，即拒绝了 3 种数据拟合后的残差独立的假设，因此我们认为中国钼精矿价格、全球铜价、全球铝价序列均为非线性时间序列。

本书通过 G-P 算法计算时间序列的相关维数来描述数据的复杂性。在 G-P 算法中，采用关联分析确定时间序列的延迟期数，通过 R/S 分析方法确定数据的嵌入维数。这 3 种数据的复杂性计算结果见表 3-3。

表 3-3 数据的复杂性分析结果

数据	延迟期	嵌入维数	相关维数
中国钼精矿价格	47	3	1.42
全球铜价	107	4	2.487
全球铝价	91	4	2.8407

表3-3中，中国钼精矿价格的相关维数为1.42，大于相关维数1，小于2，因此认为中国钼精矿价格序列较为复杂；全球铜价的相关维数为2.487，大于相关维数2，因此认为全球铜价序列复杂；全球铝价的相关维数为2.84，因此认为其很复杂。

对这3种序列数据进行简单的分析，能够了解数据具有的基本特征，有利于构建合理的预测模型以及对模型预测性能的评估。

3.3　EMD-ARIMA-LSTM 多步预测模型构建

3.3.1　数据处理

在预测建模过程中，为了对构建的模型进行仿真和评价，通常将原始的数据集划分为模型构建所用的训练和测试数据集，以及仿真测试用的预测仿真数据集。预测仿真集合不参与模型的构建和测试，只用于模型预测评价中；训练和测试集合参与模型的整个构建流程。训练集用于构建模型，测试集对训练好的模型进行择优和调整。本书中首先初步划分原始数据，对3种数据分别留出1组样本数据用于预测仿真，其余的数据用于模型的构建和测试，数据的划分如图3-6所示。仿真数据一共为10组，其输出值由18个连续的时间序列值组成，分别对应着预测模型的预测步数 $h(h=1, 2, 3, \cdots, 18)$。3种数据的划分结果见表3-4，其中训练集和测试集，采用留一法进行划分。

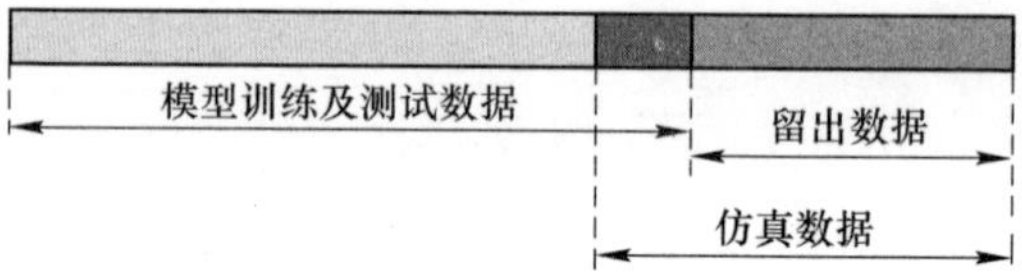

图3-6　数据集划分示意

表3-4　原始数据划分

原始数据集	模型训练和测试数据	留出数据
中国钼精矿价格	2004.4～2016.5	2016.6～2018.8
全球铜价	1980.1～2015.3	2015.4～2017.6
全球铝价	1980.1～2015.3	2015.4～2017.6

3.3.2　数据分解

EMD对数据特征的提取过程在3.1节中进行了较为详细的介绍，因此不再赘述。中国钼精矿价格序列、全球铜价序列、全球铝价序列分解结果示意图分别如图3-7～图3-9所示。

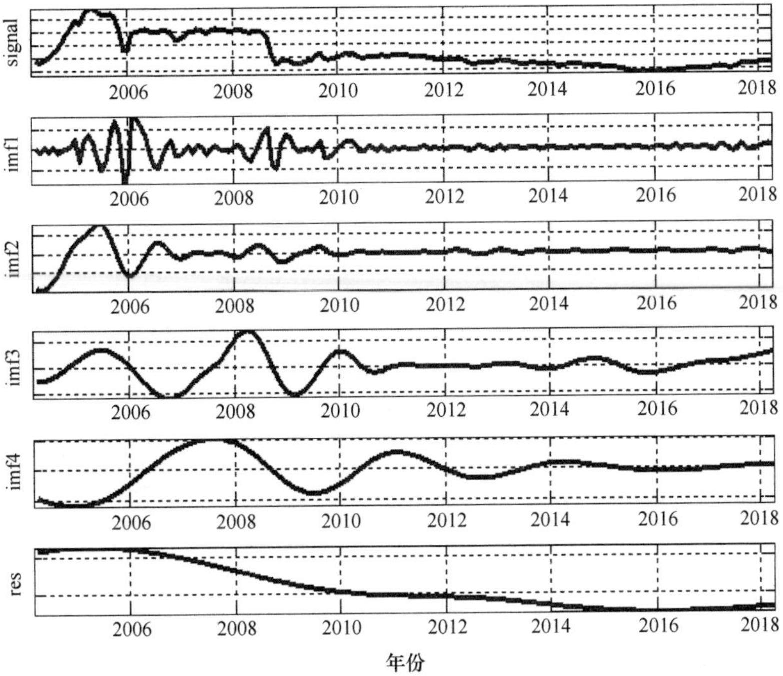

图 3-7 中国钼精矿价格序列分解结果

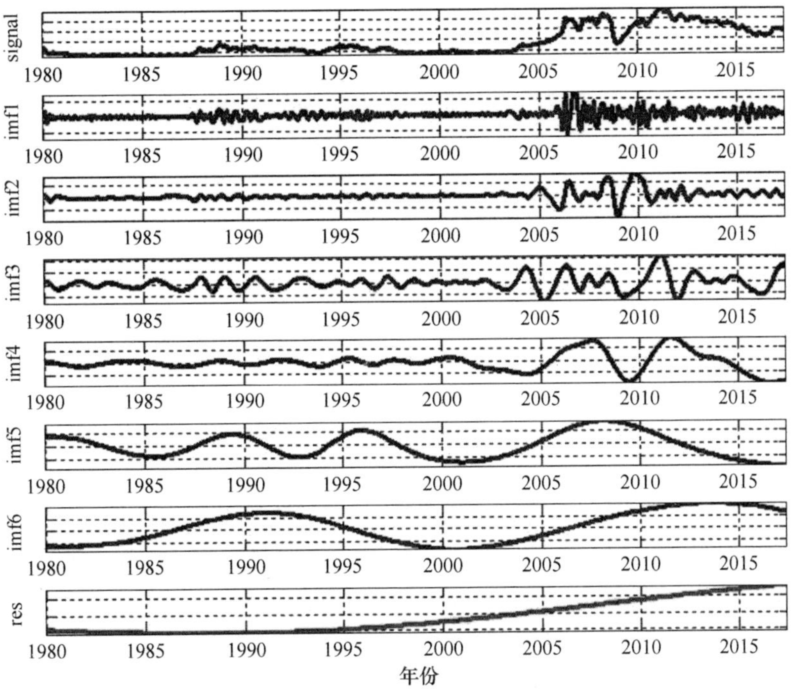

图 3-8 全球铜价分解结果

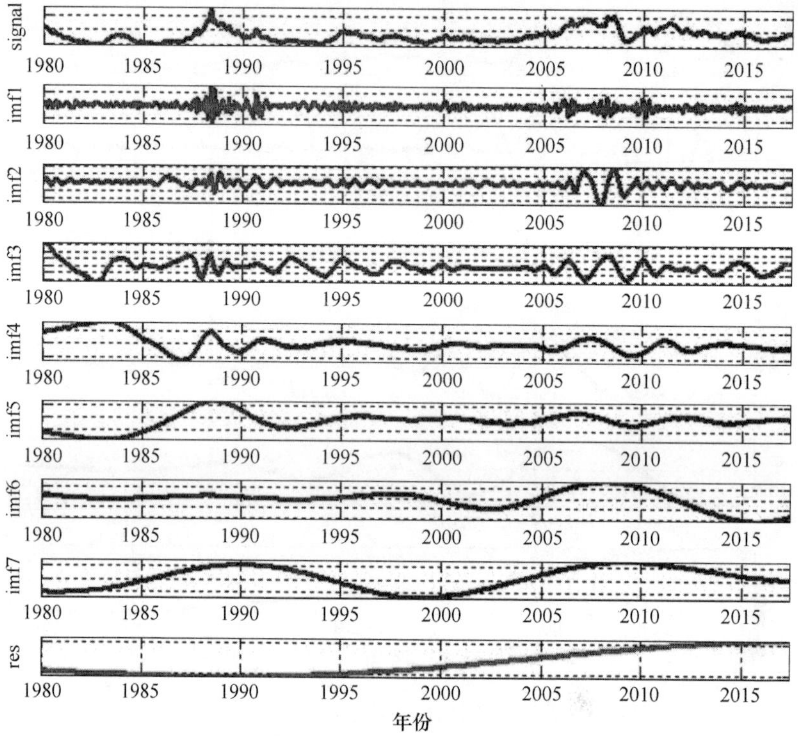

图 3-9　全球铝价的分解

由图 3-7、图 3-8、图 3-9 可以看出，越是靠前的 IMF 分量，其波动频率越高，波动的振幅越小，即序列的随机性越强；越是靠后的 IMF 波动频率越低，波动的振幅越大，即趋势性越强。通过对不同尺度下的 IMF 构建不同的模型进行拟合，能够对原始的时间序列的特征进行有效的提取。除此之外，EMD 处理后的时间序列能够更好地表现出原时间序列的趋势性，同时得到的 IMF 也都为平稳的时间序列，有利于预测模型的分析和构建。

3.3.3　IMF 线性和非线性识别

在 EMD-ARIMA-LSTM 多步预测模型框架中，需要对分解得到的各个 IMF 分别进行线性和非线性识别，按照其线性和非线性的特征进行分类，然后分别构建预测模型进行预测。时间序列通过线性过滤后，若残差为独立同分布序列，则得到的残差为白噪声，即意味着时间序列中的有用信息已经被全部提取，残差没有价值。因此，可以采用对残差是否满足独立同分布条件进行检验。由于经过 EMD 分解后得到的 IMF 分量是平稳的，因此在采用线性残差分析法对 IMF 进行线性特征识别过程中，只需要对残差项进行差分。在本书中，采用 R 语言对各个 IMF 及分解得到的残差项进行线性特征识别分析，具体的过程为：

（1）采用 AR(p) 模型对各个 IMF 进行拟合。R 语言中，常用 tseries 逻辑程序包进行时间序列分析，使用其里面的 auto. arima( ) 函数，能够迅速筛选出数据的最优线性拟合 ARIMA 模型，具体的语法为：

library(tseries)

imf_t^imodel < - auto. arima（imf_t^i）

（2）在识别出最优的线性模型之后，采用最优的线性模型得出线性拟合数据，然后作差，得到线性拟合残差，即：

$$r_t = \mathrm{imf}_t^i - \widehat{\mathrm{imf}}_t^i \tag{3-4}$$

式中，r_t 为线性拟合残差，$\widehat{\mathrm{imf}}_t^i$ 为 imf_t^i 拟合值。使用 R 语言中的正则表达式可以直接得到残差序列，具体语句为：

residual < - imf_t^imodel $residual

（3）线性残差独立同分布检验通常采用 BDS 检验或者构建 Q 统计量进行检验。本书采用 BDS 检验判断 IMF 的线性拟合残差是否符合独立同分布条件。BDS 检验采用 R 语言中 tseries 程序逻辑包中的 bds. test( ) 函数，具体语句为：

bds. test(residual)

中国钼精矿价格、全球铜价、全球铝价的 IMF 及残差线性拟合最优模型和 BDS 检验结果见表 3-5。在表 3-5 中，p 值小于 0.05，说明在 95% 的置信度上拒绝 IMF 线性拟合后的残差序列满足独立同分布条件，即残差序列之间存在着相关关系，原 IMF 为非线性时间序列。

表 3-5 IMF 线性拟合结果及线性判别结果

数据		相空间维数				线性判别
		2		3		
		统计量	p 值	统计量	p 值	
中国钼精矿价格	imf1	3.5233	4e-04	4.8882	0	非线性
	imf2	2.2351	0.0254	3.4763	0.0005	非线性
	imf3	16.4264	0	16.2491	0	非线性
	imf4	24.6024	0.3275	26.0760	0.2504	线性
	res	11.842	0.823	10.7369	0.5236	线性
全球铜价	imf1	12.1158	0	13.5872	0	非线性
	imf2	11.2116	0	13.5852	0	非线性
	imf3	8.7823	0.1854	11.1263	0.1227	线性
	imf4	38.0205	0	38.9016	0	非线性
	imf5	105.0493	0	115.2578	0	非线性
	imf6	20.4713	0.751	18.3910	0.5293	线性
	res	0.4719	0.637	1.0776	0.2812	线性

续表 3-5

数　据		相空间维数				线性判别
		2		3		
		统计量	p 值	统计量	p 值	
全球铝价	imf1	10.5918	0	12.2643	0	非线性
	imf2	8.5133	0	9.8981	0	非线性
	imf3	13.6349	0	15.9623	0	非线性
	imf4	7.3016	0.3661	9.7696	0.154	线性
	imf5	62.8429	0	65.7796	0	非线性
	imf6	9.2404	0.6281	9.8536	0.346	线性
	imf7	14.5917	0.7664	14.4730	0.3854	线性
	res	-0.1468	0.8833	0.8104	0.4177	线性

根据表 3-5 中的线性判别结果，将这三组数据的 IMF 按照其具有的线性和非线性特征分别构建预测模型。拥有线性特征的 IMF 构建 ARIMA 线性预测模型，拥有非线性特征的 IMF 构建 LSTM 神经网络非线性预测模型。

3.3.4　ARIMA 多步预测模型构建

ARIMA 的时间序列多步预测模型通过构建一步预测模型，然后采用迭代策略实现多步预测。一步 ARIMA 预测模型的构建过程一般分为以下几步。

（1）平稳性检验。在理论介绍部分已经对时间序列平稳性的检验方法进行了详细的介绍，在此就不再进行赘述。在 R 语言中，一般都是加载并使用 tseries 程序逻辑包对时间序列进行分析。采用自相关图和偏自相关图来判断时间序列的方法，调用 acf( ) 函数和 pacf( ) 函数；采用单位方根的检验方法，调用不同的单位方根检验函数，如使用 ADF 检验方法的 adf. test( ) 函数，PP 检验方法的 pp. test( ) 函数以及 KPSS 检验方法的 kpss. test( ) 函数。

（2）平稳处理。时间序列平稳性处理一般采用差分的方法，在 R 语言中采用 diff( ) 函数实现。EMD 分解的过程中，已经将原始时间序列分解为数个平稳的 IMF 和一个趋势项 res。因此在建模的过程中，只需要对趋势项 res 进行差分。3 种数据趋势项的差分结果见表 3-6。

表 3-6　趋势项差分结果

数　据	中国钼精矿价格 res	全球铜价 res	全球铝价 res
差分结果/次	2	2	2

（3）模型定阶。ARIMA 预测模型的定阶，即是对模型 ARIMA(p, d, q) 中 p、d、q 三个参数的确定。在序列平稳性处理的过程中，已经对分解得到的残差项进行过差分处理，即确定了参数 d。采用 AIC 或者 BIC 信息准则选择备选模型中的最优模型，确定模型的最优参数。在 R 语言中，采用 arima( ) 函数对模型的定阶参数进行拟合获得 AIC 或者 BIC 值。除此之外，模型的定阶还能采用 auto. arima( ) 函数自动获取模型的最优定阶参数。IMF 和趋势项的 ARMA 模型定阶结果见表 3-7。

表 3-7 ARMA 模型定阶结果

数　据		ACF	PACF	定阶模型	BIC
中国钼精矿价格	imf4	拖尾	拖尾	ARMA（2，1）	93.49
	res	拖尾	拖尾	ARMA（2，3）	-190.51
全球铜价	imf3	拖尾	拖尾	ARMA（4，2）	2575.58
	imf6	拖尾	1	ARMA（1，0）	-1182.8
	res	拖尾	4	ARMA（3，0）	-1053.83
全球铝价	imf4	拖尾	拖尾	ARMA（5，3）	578.93
	imf6	拖尾	拖尾	ARMA（3，2）	- 2984.62
	imf7	3	拖尾	ARIMA（1，3）	-2423.5
	res	拖尾	1	ARMA（1，0）	-1231.95

（4）参数估计。在对线性 ARMA 模型定完阶之后，需要对定好阶的模型的参数值进行估计，最终得到的线性预测模型的数学表达式为：

$$W_t = \varphi_1 W_{t-1} + \varphi_2 W_{t-2} + \cdots + \varphi_p W_{t-p} + \varepsilon_t + \theta_1 \varepsilon_{t-1} + \theta_2 \varepsilon_{t-2} + \cdots + \theta_q \varepsilon_{t-q} \tag{3-5}$$

式中，W_t 是原序列经过差分后得到的序列；φ_1，φ_2，…，φ_p 和 θ_1，θ_2，…，θ_q 分别为需要进行估计的 AR(p) 和 MA(q) 的参数，并且 ε_t 满足 $(\varepsilon_t)=0$，$\mathrm{Var}(\varepsilon_t)=\sigma_\varepsilon^2$，$E(\varepsilon_t\varepsilon_{t+s})=0$ $(s\neq 0)$ 条件。

R 语言中，采用 arima( ) 函数对定完阶的模型进行参数的估计，本书采用最小二乘估计对上述定阶模型的参数进行估计，参数估计的结果见表 3-8。

表 3-8 ARMA 模型的参数估计结果

数　据		AR					MA		
		1	2	3	4	5	1	2	3
中国钼精矿价格	imf4	1.9791	-0.9969	—	—	—	0.8301	—	—
	res	1.9636	-0.9702	—	—	—	-1.4234	1.0662	-0.3356
全球铜价	imf3	3.4996	-4.8179	3.0903	-0.7844	—	0.2646	-0.4195	—
	imf6	0.9887	—	—	—	—	—	—	—
	res	-0.2322	0.5962	0.5856	—	—	—	—	—

续表 3-8

数　据		AR					MA		
		1	2	3	4	5	1	2	3
全球铝价	imf4	2.6023	-1.4477	-1.6075	2.1077	-0.6600	0.6543	-0.6776	-0.4261
	imf6	1.6590	-0.3533	-0.3091	—	—	-0.9500	0.5614	—
	imf7	—	—	—	—	—	0.3941	0.6607	0.3339
	res	-0.6226	—	—	—	—	—	—	—

（5）模型显著度检验。本书中，采用构造 LB 统计量对线性模型的残差进行白噪声检验，来判断预测模型的显著度。在线性模型中，可做假设：

$$H_0: \rho_1 = \rho_2 = \cdots = \rho_n = 0, \ \forall n \geqslant 1 \tag{3-6}$$

$$H_1: \text{至少存在某个 } \rho_k \neq 0, \ \forall n \geqslant 1, \ k < n \tag{3-7}$$

在假设的基础上，构造的 LB 统计量为：

$$LB = m(m+2)\sum_{k=1}^{n}\left(\frac{\hat{\rho}_k^2}{m-k}\right) \sim \chi^2(n), \ \forall n > 0 \tag{3-8}$$

LB 统计量检验得到的 p 值能对模型的显著度进行判断，即统计量的 p 值大于水平 α 时，则认为在置信水平 $1-\alpha$ 接受原假设，模型显著。LB 统计量的计算可以通过 R 语言中的 Box. test( ) 函数实现，对上述构建的线性模型的检验结果见表 3-9。

表 3-9　模型的残差白噪声检验

数　据		滞　后　期								
		1			5			10		
		χ^2	自由度	p 值	χ^2	自由度	p 值	χ^2	自由度	p 值
中国钼精矿价格	imf1	4.556	1	0.253	6.4314	5	0.1263	12.8629	10	0.0751
	res	0.049043	1	0.8247	0.18245	5	0.9993	5.9609	10	0.8185
全球铜价	imf3	0.001492	1	0.9692	2.0932	5	0.8361	14.418	10	0.1548
	imf6	1.1763	1	0.4236	3.117	5	0.3315	6.5326	10	0.173
	res	0.819	1	0.452	3.4354	5	0.2231	9.878	10	0.0953
全球铝价	imf4	0.26334	1	0.6078	6.9188	5	0.2267	26.883	10	0.0627
	imf6	0.1583	1	0.6907	3.3233	5	0.6503	6.6632	10	0.7568
	imf7	0.6922	1	0.335	2.804	5	0.2834	5.0955	10	0.1672
	res	2.6005	1	0.4405	8.1052	5	0.3551	9.7536	10	0.222

从表中可以看出，中国钼精矿价格、全球铜价、全球铝价的 IMF 和 res 的线性预测模型的 LB 统计量的检验 p 值都是大于 0.05，则说明构建的线性 ARIMA 预测模型的参数显著，模型能够提取序列中的有效信息，即模拟后的残差为白噪

声。在构建一步 ARIMA 预测模型之后，采用 3.1.2 节中介绍的迭代预测策略就可对时间序列进行多步预测。

3.3.5 LSTM 多步预测模型构建

构建 LSTM 神经网络时间序列多步预测模型，首先需要构建 LSTM 时间序列一步预测模型，然后采用训练好的 LSTM 时间序列一步预测模型，结合迭代策略进行时间序列多步预测。LSTM 时间序列一步预测模型的构建大概分为以下几个步骤：

（1）数据的处理。LSTM 神经网络中的激活函数的阈值范围大多为 [-1，1]，因此原始的数据不适合直接作为 LSTM 神经网络的输入和输出数据，需要对原始数据进行归一化处理，用来提升模型的训练效果和训练速度。一般情况下，当数据都为正数的时候，将原始数据归一到 [0，1]；当数据中存在正数和负数的时候，将原始数据归一到 [-1，1]，当数据中仅存在负数的时候，归一到 [-1，0]。由于 IMF 分量为过零点的平稳时间序列，本书将原始的 IMF 分量数据归一到范围 [-1，1] 之间，采用的归一化方法数学表达式为：

$$\bar{x}_t = 2 \times \frac{x_t - x_{t(\min)}}{x_{t(\max)} - x_{t(\min)}} + (-1) \tag{3-9}$$

式中，$\bar{x}_t$ 为序列 t 时刻的归一化结果；x_t 为序列 t 时刻的输入值；$x_{t(\min)}$ 为序列中的最小值；$x_{t(\max)}$ 为序列中的最大值。

在将数据归一化之后，进一步把数据按照预测时间窗口划分为二维向量形式的输入和输出训练数据集和测试数据集。其中，训练数据集为：

$$\text{train}\boldsymbol{X} = \begin{bmatrix} \bar{x}_1 & \bar{x}_2 & \cdots & \bar{x}_d \\ \bar{x}_2 & \bar{x}_3 & \cdots & \bar{x}_{d+1} \\ \vdots & \vdots & \ddots & \vdots \\ \bar{x}_{t-s-d} & \bar{x}_{t-s-d+1} & \cdots & \bar{x}_{t-s-1} \end{bmatrix} \tag{3-10}$$

$$\text{train}\boldsymbol{Y} = [\bar{x}_{d+1} \quad \bar{x}_{d+2} \quad \cdots \quad \bar{x}_{t-s}] \tag{3-11}$$

测试数据集为

$$\text{test}\boldsymbol{X} = \begin{bmatrix} \bar{x}_{t-s-d+1} & \bar{x}_{t-s-d+2} & \cdots & \bar{x}_{t-s} \\ \bar{x}_{t-s-d+2} & \bar{x}_{t-s-d+3} & \cdots & \bar{x}_{t-s+1} \\ \vdots & \vdots & \ddots & \vdots \\ \bar{x}_{t-d-1} & \bar{x}_{t-d} & \cdots & \bar{x}_{t-1} \end{bmatrix} \tag{3-12}$$

$$\text{test}\boldsymbol{Y} = [\bar{x}_{t-s+1} \quad \bar{x}_{t-s+2} \quad \cdots \quad \bar{x}_t] \tag{3-13}$$

式中，$\bar{x}_t$ 为原数据集归一化后的时间序列；d 为预测模型输入值个数；s 为测试集个数；train$\boldsymbol{X}$、train$\boldsymbol{Y}$ 和 test$\boldsymbol{X}$、test$\boldsymbol{Y}$ 分别为预测模型的训练集和测试集的输入值、期望输出值。

（2）初始化 LSTM 参数。LSTM 神经网络需要人为设定的参数主要有神经网络的中间层层数、每一层的 LSTM 单元个数、网络训练的轮数、学习率、训练函数等，这些参数的选择和设置对 LSTM 网络的学习和泛化能力都有较大的影响，直接决定是否能够训练出一个优秀的模型。在时间序列的预测中，LSTM 神经网络的输入向量维数也会对其拟合效果及预测精度产生影响。LSTM 神经网络参数的选取方法一般采用预实验的方法，即首先准备参数选取和设置方案，然后在这些方案中找出较优的一组参数，最后选用较优的一组参数进行调参。

（3）训练模型。LSTM 模型训练方法已在第 2 章中进行了介绍。在解决实际的训练问题中，一般采用梯度下降的优化算法对模型进行训练，即通过迭代使 loss 函数值沿着负梯度的方向迅速下降，以此来实现最优的 loss 函数目标值。本书中采用的 loss 目标函数优化算法为 Adam 算法，其具有简单高效、参数自适应调整以及参数值的鲁棒性好等优点。

（4）输出反归一化。在 LSTM 模型的数据输入过程中，输入的数据是经过归一化处理之后的数据，模型的输出数据是与归一化数据处在同一个量级的数据，并不是直接需要的结果。因此，通常需要一个反归一化的过程将模型的输出结果转化为需要的结果，即反归一化是归一化的逆过程。在实际的模型构建过程中，数据的归一化和反归一化都可以采用 python 语言中的 sklearn 程序包中的 MinMaxScaler 函数实现。

本书中,LSTM 时间序列一步预测模型采用多输入单输出的模式,其算法流程如图 3-10 所示。其中,单轮训练的迭代次数用 Iteration 表示,训练的轮数用 Epoch 表示。

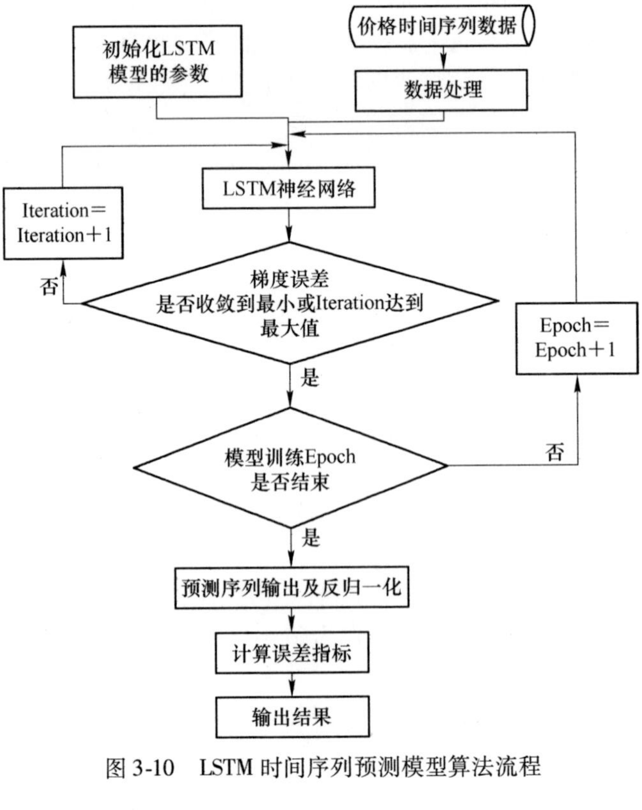

图 3-10 LSTM 时间序列预测模型算法流程

针对中国钼精矿价格、全球铜价、全球铝价分解得到的不同的非线性 IMF 时间序列，采用不同的初始化参数构建 LSTM 神经网络时间序列一步预测模型。在本书中，LSTM 神经网络的输入层节点数与时间序列预测滞后期 d 一致，采用自回归模型（AR 模型）结合 AIC 进行确定，即采用 AR(p) 模型对非线性 IMF 序列进行拟合，然后计算拟合模型的 AIC 值，选择 AIC 值最小的 p 值作为 LSTM 神经网络的输入节点数。三组数据分解得到的非线性 IMF 采用 AR(0) ~ AR(8) 模型拟合，通过计算得到 AIC 值，见表 3-10，表中加粗的数值为最优 AR(p) 模型的 AIC 值。

表 3-10 非线性 IMF 模型拟合的 AIC 值

数据		AIC								
		AR0	AR1	AR2	AR3	AR4	AR5	AR6	AR7	AR8
中国钼精矿价格	imf1	2084.22	2063.98	1997.83	1998.27	**1996.23**	1997.68	1999.57	2001.47	2001.88
	imf2	2361	2015.54	1670.82	1542.13	1445.24	1443.03	1439.65	**1438.18**	1439.94
	imf3	2152.83	1706.84	1140.23	861.5	656.2	639.76	639.19	**638.45**	640.32
全球铜价	imf1	5533.06	5533.06	5494.72	5484.44	5477	5478.91	5476.32	5478.08	**5456.14**
	imf2	6357.6	5619.33	5001.81	4759.53	4542.48	4528.64	**4527.78**	4529.68	4529.5
	imf4	4876.08	3148.56	1367.68	628.31	487.05	**483.36**	484.59	486.19	487.99
	imf5	3879.05	1482.7	-988.45	-1796.77	-1799.92	-1819.41	**-1820.87**	-1819.1	-1818.74
全球铝价	imf1	4677.6	4663.63	4617.92	4600.11	4567.07	4568.77	4570.77	4567.18	**4563.02**
	imf2	5146.77	4615.09	4235.28	4110.24	3899.8	3886.63	3873.08	3824.78	**3821.22**
	imf3	5646.25	4504.92	3645.99	3098.69	2836.11	2835.43	2812.64	2790.73	**2777.03**
	imf5	1349.22	4504.92	-1007.9	-1774.66	-1775.12	**-1806.13**	-1804.14	-1802.2	-1800.62

从表 3-10 中可以得出，中国钼精矿价格分解得到的 imf1、imf2、imf3 的输入节点数分别为 4 个、7 个、7 个，全球铜价分解得到的 imf1、imf2、imf4、imf5 的输入节点数分别为 8 个、6 个、5 个、6 个，全球铝价分解得到的 imf1、imf2、imf3、imf5 的输入节点数分别为 8 个、8 个、8 个、5 个。确定好预测模型的预测窗口之后，进一步通过预实验的方法对 LSTM 神经网络的其他参数进行确定。预测实验的结果见表 3-11。

表 3-11 LSTM 神经网络模型参数

数据		隐含层层数	隐含层神经元数	稀疏层	batch_size	激活函数	学习速率	训练轮数
中国钼精矿价格	imf1	3	4	—	5	tanh	0.0005	200
	imf2	1	7	—	10	tanh	0.001	150
	imf3	2	7	—	10	tanh	0.001	200

续表 3-11

数据		隐含层层数	隐含层神经元数	稀疏层	batch_size	激活函数	学习速率	训练轮数
全球铜价	imf1	2	6	0.08	30	tanh	0.001	250
	imf2	2	6	—	20	tanh	0.001	150
	imf4	2	5	0.1	20	tanh	0.001	150
	imf5	1	5	—	15	tanh	0.001	100
全球铝价	imf1	2	8	—	50	tanh	0.001	200
	imf2	2	8	—	5	tanh	0.001	250
	imf3	2	8	—	20	tanh	0.001	250
	imf5	1	5	—	15	tanh	0.001	150

在得到表 3-11 中 LSTM 神经网络模型参数后，即完成了对非线性 IMF 一步预测模型的建模过程。LSTM 神经网络预实验建模过程的相关经验可以总结为：一是训练过程中逐步增加训练轮数使模型得到充分的训练；二是通过 loss 值增加模型的网络层数，增强模型的学习能力；三是采用稀疏层来避免模型训练的过拟合；四是选取较好合适的 batch_size 对模型进行训练。

3.3.6　预测模型集成

针对具有线性和非线性特征的 IMF 分量，分别建立线性 ARIMA(p，d，q)时间序列多步预测模型和非线性 LSTM 时间序列多步预测模型之后，可进一步对预测模型进行集成，得到原始时间序列的多步预测模型。在 EMD 分解中，包含某些特征的 IMF 分量通过“筛选”过程进行提取，其实质是一种“加法”（相对加法模型、乘法模型和混合模型而言）的分解方式。

因此，在对各个 IMF 特征分量的预测模型的集成过程中，采用“加法”的方式进行预测模型的集成，即将每个分量预测模型通过简单相加的形式有机地结合在一起，可得：

$$\hat{f} = \sum_{i=1}^{n} \hat{f}_i + \hat{f}_r \tag{3-14}$$

式中，$\hat{f}$ 表示原时间序列预测模型；n 为原序列分解得到的 IMF 数量；$\hat{f}_i$ 为第 i 个 IMF 分量的多步预测模型；$\hat{f}_r$ 为残差的多步预测模型。

3.4　模型仿真与结果分析

3.4.1　仿真环境介绍

本书中，由于实验过程中选用的实验平台不同，因此采用 Matlab 软件、R 语言及 Python 对模型进行构建和仿真实验。Matlab 是美国的 mathwork 公司开发的一款基于矩阵的数值计算、仿真及分析软件，具有强大的科学计算功能，由于具有良好编程性，在本书中用于时间序列的分解。R 语言和 Python 是两款优秀的开源程序设计语言。R 语言一般用于数据的统计分析和时间序列分析，其自身的功能比较少，但是能够加载多种不同类型的依赖程序包，本书中主要用于时间序列的分析和 ARIMA 建模。Python 与 R 语言类似，但是由于其具有优良的编程性能，目前广泛用于深度学习、机器学习等项目的研发，本书中主要用于构建 LSTM 神经网络仿真实验。在实验过程中，主要用到国立中央大学黄锷教授团队开发的 EMD 工具箱，tseries、zoo、forecast 等时间序列分析平台，以及主要用来构建神经网络的 keras 平台。其中，keras 是一款高级神经网络程序设计 API，能够兼容 Tensorflow、Theano 和 CNTK 三种主流的深度神经网络后端进行数据处理和计算，并迅速实现神经网络设计的结果。表 3-12 为实验环境的具体配置。

表 3-12 实验环境配置情况

实验平台	实验语言/软件	系统	系统硬件
EMD 工具箱 tseries、zoo、forecast keras	Matlab R2014a R 语言 Python 3	Windows7 （64 位）	CPU：Intel i3 - 4170（3.7GHz） 内存：12GB 硬盘：机械硬盘 1TB

3.4.2 仿真实验设计

为了将本章提出的 EMD-ARIMA-LSTM 时间序列多步预测模型与其他预测模型的预测效果进行对比，设计了 ARIMA、LSTM、EMD-ARIMA、EMD-LSTM 一共 4 种预测模型对照组，每种预测模型针对上述三类数据进行 10 组预测，每组预测重复 300 次并求平均值，其试验流程如图 3-11 所示。

在图 3-11 中，设计的每一种对照组实验预测模型的作用如下：

（1）ARIMA 时间序列多步预测模型。ARIMA 是一种经典的时间序列预测模型，也是构建 EMD-ARIMA-LSTM 时间序列多步预测模型的组成模型之一。在本书中，将 ARIMA 时间序列多步预测模型单独作为预测对照组，目的是对比单一的线性预测模型与分解集成预测模型及之间的预测性能。

（2）LSTM 神经网络时间序列多步预测模型。LSTM 神经网络是一种用于处理序列关系的神经网络，是深度学习模型常用的神经网络之一，近几年也被用于构建时间序列预测模型，但是对其多步预测的研究少，多步预测性能仍然有待验证。因此，在本书中将 LSTM 多步预测模型作为对照组，一是为了验证 LSTM 结合迭代策略的多步预测性能；二是 LSTM 同样为 EMD-ARIMA-LSTM 多步预测模型的组成之一，能够比较单一的非线性预测模型与分解集成预测模型之间的预测性能。

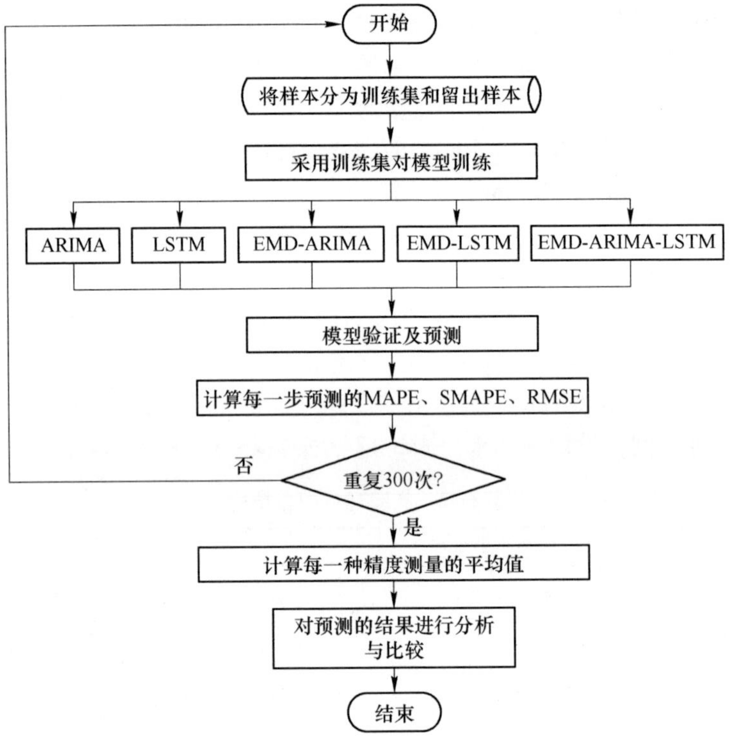

图 3-11　实验设计流程

（3）EMD-ARIMA 时间序列多步预测模型。目前，由于单一的预测模型对复杂的时间序列的描述能力有限，因此文献［75］中采用了基于分解的线性多预测模型对非平稳时间序列预测。在本书中，将 EMD-ARIMA 多步时间序列预测模型作为对照组，一是为了比较线性多预测模型与单一预测模型的多步预测性能，二是为了比较线性多预测模型与基于数据特征的 EMD-ARIMA-LSTM 预测模型的多步预测性能。

（4）EMD-LSTM 时间序列多步预测模型。为了提高 LSTM 神经网络的预测精度，文献［59］中采用了 EMD 分解的方法构建了非线性多预测模型。在本书中，将 EMD-LSTM 预测模型结合迭代策略用于时间序列多步预测，并作为对照组，一是为了对比非线性多预测模型与单一预测模型的多步预测性能，二是为了对比非线性多预测模型与线性多预测模型之间的多步预测性能，三是为了对比非线性多预测模型与基于数据特征的 EMD-ARIMA-LSTM 预测模型的多步预测性能。

3.4.3　预测性能评价指标

为了合理地测量及对比对照组和实验组预测模型的多步预测性能，本书从常用的预测性能测量指标中选取 2 种指标，分别为 MAPE、RMSE，用来反映预测模型每一步的预测性能。使用 MAPE 的好处是其与选取的数据无关，因此常用于不同数据之间的预测性能。RMSE 是常用的预测精度测量指标。MAPE、RMSE 测量预测模型每一步预测性能的计算公式如下所示：

$$\mathrm{MAPE}_h = \frac{1}{S}\sum_{i=1}^{S}\left|\frac{\hat{x}_{t+h}^{i} - x_{t+h}^{i}}{x_{t+h}^{i}}\right| \times 100 \tag{3-15}$$

$$\mathrm{RMSE}_h = \sqrt{\frac{1}{S}\sum_{i=1}^{S}(\hat{x}_{t+h}^{i} - x_{t+h}^{i})^2} \tag{3-16}$$

式中，h 为预测步数（$h \in \{1, 2, 3\cdots, 18\}$）；$S$ 为每类数据的实验仿真组数（$S=10$）；$\hat{x}_{t+h}^{i}$为第 i 组数据中的第 h 步预测平均值（每组数据实验 300 次）；x_{t+h}^{i}为第 i 组数据中的第 h 步预测对应的真实值。

3.4.4 仿真结果分析

采用 3.4.2 节中提到的 ARIMA、EMD-ARIMA、LSTM、EMD-LSTM 预测模型，以及本书提出的 EMD-ARIMA-LSTM 预测模型，分别对中国钼精矿价格、全球铜价、全球铝价未来 18 个月的价格进行了预测，一共进行了 10 组实验。

图 3-12 所示为中国钼精矿价格的第 1 组实验 18 步预测结果曲线。从图中可以观察出，在短期的预测中，这五种模型的预测值都比较接近序列的真实值；随

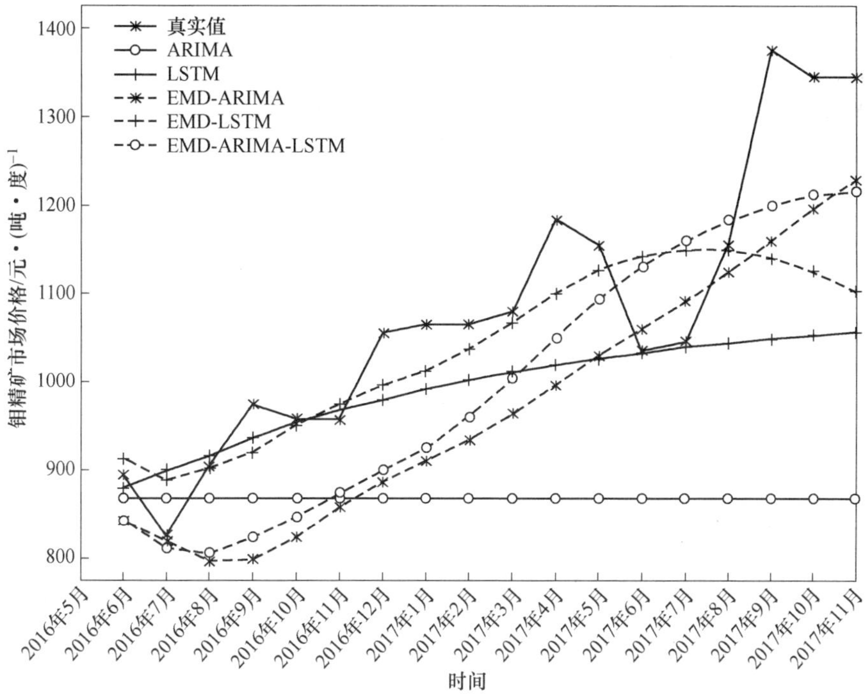

图 3-12　中国钼精矿价格的多步预测结果

着预测步数的增加，预测值越来越恶化，与真实值的偏差也越来越大。就每种预测模型对中国钼精矿价格的中长期预测而言，ARIMA 多步预测模型的预测效果最差，其预测曲线为一条水平直线，完全不能反映真实序列的变化趋势；LSTM 多步预测模型的预测结果曲线表现出与真实值相同的趋势，但是随着模型预测步数的增加，逐渐变差；EMD-ARIMA、EMD-LSTM、EMD-ARIMA-LSTM 多步预测模型能够近似描述真实值的变化趋势。

图 3-13、图 3-14 所示分别为全球铜价和全球铝价的第 1 组实验 18 步预测结果。图中 ARIMA、LSTM、EMD-ARIMA、EMD-LSTM、EMD-ARIMA-LSTM 多步预测模型的预测结果与中国钼精矿价格的预测结果类似，前几步的预测中表现出较好的预测结果，随着预测步数的增加，预测结果变差。与中国钼精矿价格多步预测结果不同的是，LSTM、EMD-ARIMA、EMD-LSTM、EMD-ARIMA-LSTM 多步预测模型对全球铜价和全球铝价的预测，其预测结果曲线的趋势更接近于真实序列的趋势。造成这种结果的原因可能是由于中国钼精矿价格的观测值较少，导致构建的预测模型的预测效果较差。并且，考虑到篇幅所限，本书未将 10 组实验结果全部进行可视化展示。

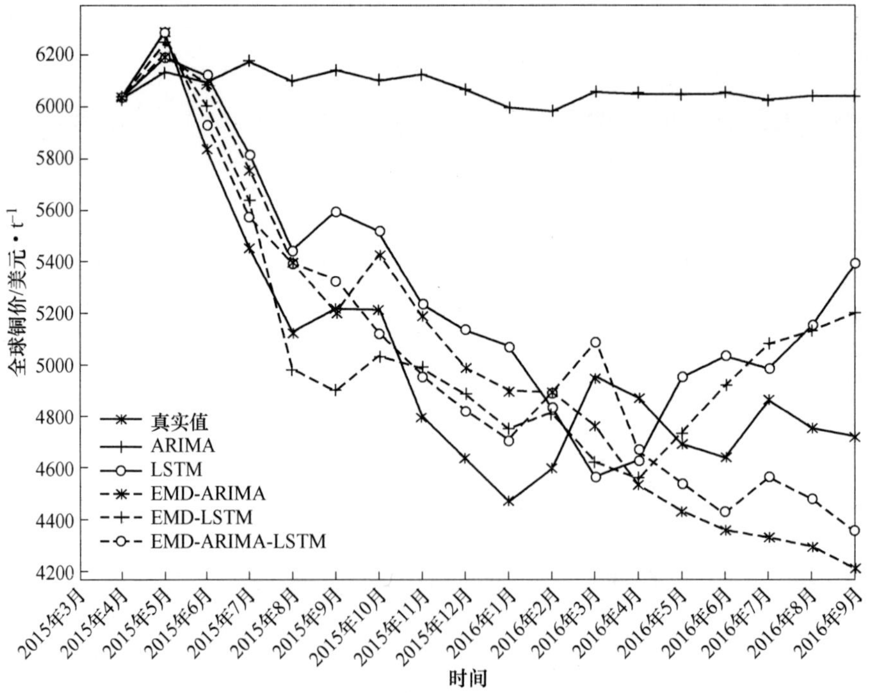

图 3-13 全球铜价的多步预测结果

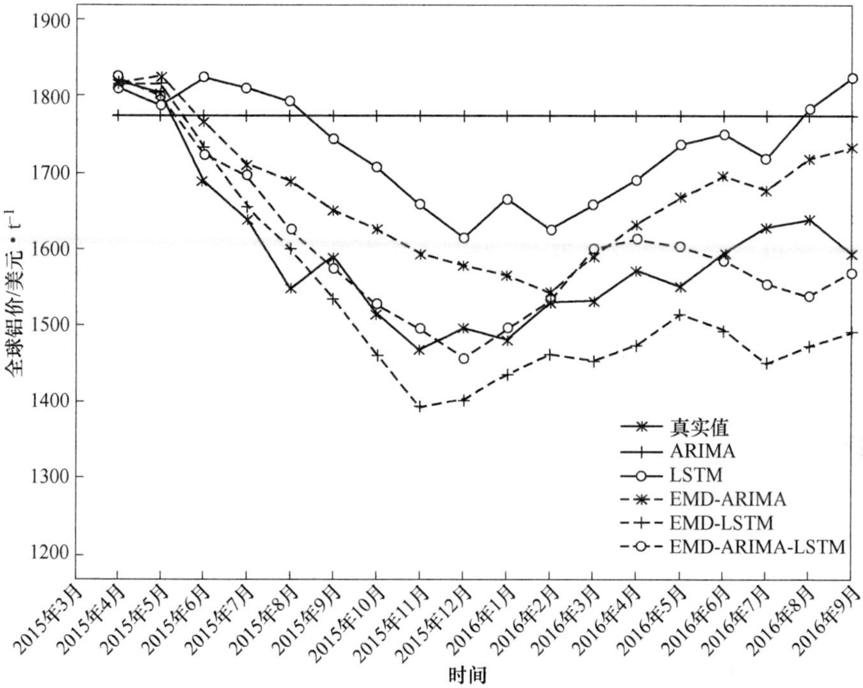

图 3-14 全球铝价的多步预测结果

为了对预测结果进行更全面的评价，需要进一步对预测结果的预测效果评价指标进行计算。对中国钼精矿价格、全球铜价、全球铝价每一步预测效果评价指标，采用式（3-13）和公式（3-14）分别计算了 ARIMA、LSTM、EMD-ARIMA、EMD-LSTM、EMD-ARIMA-LSTM 预测模型对中国钼精矿价格、全球铜价、全球铝价预测的每步预测值的 MAPE 和 RMSE。这 3 种数据的 1 步、2 步、3 步、6 步、12 步、18 步预测值的 MAPE 和 RMSE，以及 1 ~ 6 步、7 ~ 12 步、13 ~ 18 步的平均值见表 3-13 ~ 表 3-15。

表 3-13 中国钼精矿价格多步预测效果评价指标

预测模型		预测步数						平均值		
		1	2	3	6	12	18	1 ~ 6	7 ~ 12	13 ~ 18
MAPE	ARIMA	5.104	7.645	8.286	14.257	22.549	35.773	9.932	18.546	28.512
	LSTM	2.252	8.632	1.153	3.426	10.325	17.861	5.216	7.851	14.632
	EMD-ARIMA	3.512	1.218	5.316	4.817	10.546	15.852	4.083	7.182	13.524
	EMD-LSTM	2.125	6.653	1.051	6.514	8.451	14.654	3.864	6.038	11.625
	EMD-ARIMA-LSTM	1.267	3.421	4.634	5.321	6.017	8.762	4.283	5.926	7.08

续表 3-13

预测模型		预测步数						平均值		
		1	2	3	6	12	18	1 ~ 6	7 ~ 12	13 ~ 18
RMSE	ARIMA	60. 18	94. 55	105. 53	159. 19	341. 07	538. 34	97. 61	183. 5	400. 36
	LSTM	15. 63	32. 37	23. 32	132. 72	183. 46	267. 17	65. 34	153. 67	224. 3
	EMD-ARIMA	14. 16	41. 99	52. 33	101. 37	153. 61	253. 04	43. 5	108. 43	179. 36
	EMD-LSTM	12. 86	35. 15	18. 53	96. 32	112. 17	216. 04	39. 84	98. 75	153. 62
	EMD-ARIMA-LSTM	9. 74	14. 99	30. 01	60. 71	73. 47	131. 95	45. 66	66. 83	94. 06

在表 3-13 中，对于中国钼精矿价格而言，ARIMA 预测模型的 MAPE 值较大，随着预测步数的增加有较大的增幅；LSTM、EMD-ARIMA、EMD-LSTM 预测模型的 MAPE 值相差不大，但是在随着预测步数的增加，MAPE 值有增有减，最终还是随着预测步数不断增大；EMD-ARIMA-LSTM 预测模型的 MAPE 值相对较小，随着预测步数增加也在以较小的增加幅度增大。RMSE 值表现出与 MAPE 值相似的特点，但是对于预测步数的变化更加敏感。在预测步数的增加过程中，RMSE 相比于 MAPE 的值会急剧增大。综合考虑这 5 种预测模型每一步预测的 MAPE、RMSE 值，可以发现 ARIMA 预测模型的预测效果最差，其余的预测模型的预测性能在不同的预测步数中各有优劣。通过分析 5 种模型 1 ~6 步、7 ~12 步、13 ~18 步预测结果的平均 MAPE 和 RMSE，可以发现 EMD-LSTM 模型短期（1 ~6 步）的预测效果最好，ARIMA 模型最差；在中期（7 ~ 12 步）和长期（13 ~ 18 步）预测中，EMD-ARIMA-LSTM 预测模型的预测效果最好，ARIMA 预测模型的预测效果最差。

表 3-14　全球铜价多步预测效果评价指标

预测模型		预测步数						平均值		
		1	2	3	6	12	18	1 ~ 6	7 ~ 12	13 ~ 18
MAPE	ARIMA	1. 04	1. 237	1. 943	9. 85	21. 562	16. 672	6. 153	24. 496	19. 073
	LSTM	0. 813	1. 354	0. 938	3. 054	7. 625	18. 53	1. 995	5. 083	13. 562
	EMD-ARIMA	0. 715	1. 302	1. 536	2. 991	7. 063	15. 42	1. 653	4. 92	11. 02
	EMD-LSTM	0. 706	1. 253	1. 384	2. 663	6. 813	12. 635	1. 52	4. 183	9. 062
	EMD-ARIMA-LSTM	0. 429	0. 863	1. 25	1. 962	5. 035	9. 34	1. 461	3. 706	6. 839
RMSE	ARIMA	57. 2	68. 04	106. 87	541. 75	1185. 91	916. 96	338. 42	1347. 28	1049. 02
	LSTM	44. 72	74. 47	106. 59	167. 97	419. 38	1019. 15	109. 73	279. 57	745. 91
	EMD-ARIMA	39. 33	71. 61	84. 48	164. 51	388. 47	848. 1	90. 92	270. 6	606. 1
	EMD-LSTM	38. 83	68. 92	76. 12	146. 47	374. 72	694. 93	83. 6	230. 07	498. 41
	EMD-ARIMA-LSTM	23. 6	47. 47	68. 75	107. 91	276. 93	513. 7	80. 36	203. 83	376. 15

在表 3-14 中，对于全球铜价而言，ARIMA、LSTM、EMD-ARIMA、EMD-LSTM、EMD-ARIMA-LSTM 预测模型的 MAPE 和 RMSE 变化趋势与中国钼精矿价格类似。对于每一步预测的 MAPE 和 RMSE 进行分析，可以发现在全球铜价的预测中，单预测模型的预测效果明显比多预测模型的预测效果差。在短期（1 ~ 6 步）、中期（7 ~ 12 步）和长期（13 ~ 18）预测中，EMD-ARIMA-LSTM 预测模型的预测效果最好，ARIMA 线性预测模型的预测效果最差。

表 3-15 全球铝价多步预测效果评价指标

预测模型		预测步数						平均值		
		1	2	3	6	12	18	1 ~ 6	7 ~ 12	13 ~ 18
MAPE	ARIMA	0.981	2.03	3.463	15.92	23.403	17.2	12.43	22.804	19.25
	LSTM	0.88	1.217	2.01	4.431	12.07	16.13	2.881	7.71	14.05
	EMD-ARIMA	0.71	1.227	2.364	4.032	11.03	15.421	2.602	7.05	13.853
	EMD-LSTM	0.628	1.018	1.966	3.712	9.94	14.932	2.03	5.981	12.05
	EMD-ARIMA-LSTM	0.485	0.982	1.532	3.029	8.05	12.891	1.733	5.046	10.852
RMSE	ARIMA	16.21	33.56	57.24	263.16	386.85	284.32	205.47	376.95	318.2
	LSTM	14.55	20.12	33.23	73.24	199.52	266.63	47.62	127.45	232.25
	EMD-ARIMA	11.74	20.28	39.08	66.65	182.33	254.91	43.01	116.54	228.99
	EMD-LSTM	10.38	16.83	32.5	61.36	164.31	246.83	33.56	98.87	199.19
	EMD-ARIMA-LSTM	8.02	16.23	25.32	50.07	133.07	213.09	28.65	83.41	179.38

在表 3-15 中，对于全球铝价而言，EMD-ARIMA-LSTM 预测模型的每一步预测 MAPE 和 RMSE 值都要小于其他的预测模型，其每步预测效果最好；线性 ARIMA 预测模型的每步预测效果最差；EMD-LSTM 和 EMD-ARIMA 多预测模型的每步预测效果要好于 ARIMA 和 LSTM 单预测模型。在 1 ~ 6 步、7 ~ 12 步、13 ~ 18 步预测的 MAPE 和 RMSE 的平均值中，EMD-ARIMA-LSTM 预测模型 < EMD-LSTM 预测模型 < EMD-ARIMA 预测模型 < LSTM 预测模型 < ARIMA 预测模型，因此在短期、中期和长期预测中，EMD-ARIMA-LSTM 预测模型的预测效果最好，ARIMA 预测模型的预测效果最差。

综合考虑这 5 种预测模型对中国钼精矿价格、全球铜价、全球铝价的预测结果，预测效果评价指标，以及在 3.2.3 节中提到的 3 种实验数据具有的特点，可以得出以下分析结果：

（1）无论采用何种预测模型，使用迭代策略进行时间序列多步预测，其预测值的误差会随着预测步数的增加逐步增大，但是多预测模型，特别是针对数据特征构建的多预测模型，其误差增加的幅度比对照模型小。

（2）对于非平稳、非线性、复杂的时间序列，采用线性 ARIMA 模型进行多步预测的效果较差，特别是进行中长期预测；非线性 LSTM 神经网络预测模型要稍好于线性 ARIMA 预测模型，多预测模型的预测效果要好于使用单一的预测模型，并且当数据的复杂度越高的时候，结果越明显。

（3）本书提出的 EMD-ARIMA-LSTM 预测模型对 3 种用于实验的非平稳、非线性、复杂时间序列进行多步预测的预测效果最好，特别是在时间序列的中长期（6～18 步）预测中。与其他实验对照组的预测模型相比，EMD-ARIMA-LSTM 预测模型的误差增长的幅度最小，中长期预测的精度最高。

3.5　本章小结

本章主要针对一维钼数据预测问题，以时间序列预测为基础，结合迭代预测策略，提出了基于 EMD 自适应分解的数据线性和非线性特征驱动的多步时间序列预测方法。在该预测方法中，线性数据通过构建 ARIMA 预测模型进行多步预测，非线性数据通过构建 LSTM 预测模型进行多步预测，最后将预测结果集成得到原序列的预测值。主要的研究内容和结果如下：

（1）对 EMD 自适应分解技术的分解特点和分解算法进行了简要的介绍，以及对多步时间预测策略，特别是迭代预测策略进行了详细的介绍。

（2）对本章多步预测模型的建模思想进行详细的阐述，提出 EMD-ARIMA-LSTM 多步预测模型的框架。在该预测模型框架内，介绍了预测建模实验数据，并对数据进行了分析，得出实验数据的基本特征。

（3）按照提出的 EMD-ARIMA-LSTM 预测模型框架，对其进行建模。首先对数据进行简单的预处理和分解，然后分别对分解得到的 IMF 分量进行线性/非线性特征识别，最后分别针对线性、非线性 IMF 分量构建了 ARIMA 和 LSTM 多步时间序列预测模型，并通过加法的方式将预测模型进行集成。

（4）采用中国钼精矿价格、全球铜价、全球铝价对本书提出的 EMD-ARIMA-LSTM 多步时间序列预测模型进行仿真实验，并设置 ARIMA、LSTM、EMD-ARIMA、EMD-LSTM 对照组。实验结果及分析表明，EMD-ARIMA-LSTM 预测模型在多步预测过程中，其预测误差随着预测步数的增加不断增大，但是与对照组预测模型相比，预测误差增加的幅度最小；而且，在对上述 3 种数据的中期（7～12 步）和长期（13～18 步）预测中，其表现出来的预测性能最好。

4 基于钼数据与 EMD-ARIMA-LSTM 的钼精矿市场价格动态预测

钼精矿未来的市场价格可以通过历史价格数据，采用时间序列多步预测方法进行预测。但是随着预测步数不断增加，由于信息的缺乏，时间序列多步预测方法的预测精度会不断下降，导致钼精矿市场价格的中长期预测值与实际值产生较大的偏差。因此，本章在第 1 章钼精矿市场及价格影响因素分析的基础上，结合第 3 章提出的 EMD-ARIMA-LSTM 时间序列多步预测方法，采用 BP 神经网络，研究基于多维钼数据下的钼精矿市场价格动态预测，用来进一步提高钼精矿市场价格中长期预测的预测精度。本章主要从多维钼数据的构建、EMD-ARIMA-LSTM 与 BP 神经网络预测模型的构建、钼精矿市场价格实例仿真等方面进行研究。

4.1 多维钼数据样本构建

多维钼数据是对钼精矿未来的市场价格有直接影响或间接影响，能够为钼精矿未来的市场价格预测提供有效信息的多种维度数据。在本章中，通过第 1 章分析的钼精矿市场及价格影响因素，依据以下原则选取其中的量化指标来构建多维钼数据样本：

（1）在短期内，市场的随机波动对钼精矿市场价格的影响较大，因此在反映市场随机波动的数据选取上，应该侧重于选取价格类指标。

（2）在中长期中，由于钼矿的开采产能扩充不能及时响应市场的需求，以及宏观经济对大宗商品的较大影响，因此在反映价格长期趋势的数据选取上，应侧重于选取反映供需情况和宏观经济情况一类的指标。

因此，在综合钼市场随机波动和钼精矿价格长期影响因素的基础上，本章考虑的多维钼数据主要有价格维度的数据、供需维度的数据和经济维度的数据。

4.1.1 钼价格数据

4.1.1.1 钼精矿历史市场价格

钼精矿历史市场价格是钼精矿过去和现在市场情况的直接反映，蕴含着钼精矿市场一定的变化规律。通过对历史数据的观测和技术分析，可以了解到钼精矿市场的情况和发展趋势，并为未来一段时间内的钼精矿市场价格预测提供有效的信息。

4.1.1.2 钼铁价格

从第 1 章对钼市场产业链的分析，可以了解到钼铁是钼产业中游冶炼加工企业的产品，其生产原料为钼精矿，并被提供给下游的钢铁冶炼生产企业作为生产炉料。因此，钼精矿市场价格的波动会引起钼铁生产成本的上涨或者下降，并且钼铁价格的市场波动也会反过来影响钼精矿的市场价格。

4.1.1.3 氧化钼价格

工业级氧化钼是生产钼铁和其他含钼化工制品的原料，其生产原料为钼精矿，因此钼精矿市场价格的波动会引起氧化钼生产成本变化，从而反映到氧化钼的价格中。同时，氧化钼价格的变化也间接反映了钼化工市场的供需关系，从而最终会改变钼精矿市场的平衡状态，对钼精矿的市场价格产生间接影响。

4.1.2 钼供需数据

4.1.2.1 钼精矿产量

在市场经济中，商品的市场价格直接受到商品的供需情况影响。当钼精矿的供应量大于或者小于需求量的时候，会产生钼精矿的供应过剩或者供应不足，从而导致钼精矿市场价格的下跌或者上涨，引起市场价格的波动。

4.1.2.2 钢材销售量

在第 1 章中，通过对钼消耗的原因进行分析，可以发现钼在冶金消耗中涉及的范围广、消耗量大，是钼精矿消耗的主要原因。因此，钢材的销售量能够间接反映制造业用钢对钼精矿的需求量，从而通过钼精矿的供需对钼精矿的市场价格产生影响。

4.1.2.3 房屋竣工面积

钼是冶炼生产不锈钢的添加原料，并且消耗量较大。在我国的房屋建造中，不锈钢用于房屋建筑的结构和表面装饰，是房屋建筑消耗的主要钢材。房屋的竣工面积可间接反映不锈钢的需求量，从而对钼精矿的需求量产生较大的影响，因此选为钼供需数据。

4.1.3 宏观经济数据

4.1.3.1 国内生产总值（GDP）

国内生产总值是指国家在一定的时期内，第一产业、第二产业、第三产业全部的生产产品或者服务价值的总和，用来衡量国家这段时间内的经济状况的指标。钼精矿属于国民经济的物质基础，为大宗交易商品，具有大宗交易商品受经济影响较大的特点，因此将我国的国内生产总值作为多维钼数据中一种宏观经济数据。

4.1.3.2 居民消费价格指数（CPI）

CPI 是宏观经济指标，其反映的是购买的一般服务或产品的价格水平变动情况，与人民的生活息息相关。其变动率在一定的程度上反映了通货膨胀或者紧缩的程度。钼精矿的市场价格会直接受到通货膨胀或者紧缩的影响，同时由于生活成本会直接影响钼精矿的生产成本，因此也会对钼精矿的市场价格产生较大的影响。

4.1.3.3 生产价格指数（PPI）

生产价格指数是一类重要的经济指标，反映了一定时期内，工业企业产品出厂价格的变动情况，可用来衡量生产企业购买生产原料和生产工具，以及劳务费用的总和。在钼精矿的生产过程中，企业产品的价格是在成本的基础上制定的，因此生产价格指数的变动也对钼精矿的市场价格产生较大的影响。

4.2 钼精矿市场价格动态预测模型构建

4.2.1 预测模型原理

在第 3 章中，本书提出了基于 EMD-ARIMA-LSTM 时间序列的多步预测方法，采用过去和现在的历史时间序列 x_t 来预测未来的时间序列值 x_{t+h}，其中 $h \in \{1, 2, 3, \cdots, H\}$。由于仅采用事件的历史时间序列对将来的时间序列值进行预测，数据比较单一，并且在中长期的预测过程中（$h \geqslant 7$），随着预测步数的增加，预测模型输入的有效数据将不断减少，预测的随机误差不断积累，导致预测结果偏离序列将来的实际值较大，获取不到较高的预测精度。

通过分析研究对象的影响因子对其发展产生的影响，并依据它们之间的因果或相关关系，以及影响的程度，来预测研究对象发展趋势的方法称为因果关系预测方法。回归预测是常用的因果关系预测中最常用到的预测方法，其中预测对象称为因变量，影响因素称为自变量，有 i 个自变量的回归模型的表达式为：

$$Y = f(X_1, X_2, X_3, \cdots, X_i, \mu) \tag{4-1}$$

式中，Y 为被因变量；$X = \{X_1, X_2, X_3, \cdots, X_i\}$ 为自变量；μ 为随机误差。

在本章中，将钼精矿市场价格作为因变量，多维钼数据作为自变量，通过引入回归预测分析方法增加多步时间序列预测的冗余信息，优化多步时间序列预测中产生的随机误差，从而提高钼精矿市场价格的中长期预测精度。假设 y_t 为 t 时刻的钼精矿市场价格，x_{it}为 t 时刻第 i 个维度的钼数据观测值，则采用多维钼数据构建的钼精矿市场价格一步预测模型的数学表达式为：

$$x_{it+1} = f_i(x_{it}, x_{it-1}, \cdots, x_{it-d+1}) + \varepsilon \tag{4-2}$$

$$y_{t+1} = g(x_{1t+1}, x_{2t+1}, \cdots, x_{it+1}) + \mu \tag{4-3}$$

式中，d 为模型输入时间序列的维度；ε 为随机白噪声；μ 随机误差。

使用多维钼数据和钼精矿的市场价格建立预测模型的训练集，如集合 $\{\varphi_{it},\ y_{t+1}\}$，其中 $\varphi_{it} \subset \{x_{it},\ x_{it-1},\ \cdots,\ x_{it-d+1}\}$，$t \in \{d,\ \cdots,\ N\}$；然后，用训练数据集对构建的 1 步预测模型进行训练之后，得到训练好的 1 步预测模型：

$$\hat{x}_{it+1} = \hat{f}_i(x_{it}, x_{it-1}, \cdots, x_{it-d+1}) + \varepsilon \tag{4-4}$$

$$\hat{y}_{t+1} = \hat{g}(x_{1t+1}, x_{2t+1}, \cdots, x_{it+1}) + \mu \tag{4-5}$$

使用一步预测模型，在预测出各维度钼数据的一步预测值的基础上，采用迭代策略预测各维度钼数据的下一步预测值，从而实现各维度钼数据和钼精矿市场价格的每一步预测值的预测。各维度钼数据和钼精矿市场价格的 h 步预测值表示为：

$$\hat{x}_{it+h} = \begin{cases} \hat{f}_i(x_{it}, x_{it-1}, \cdots, x_{it-d+1}), & h = 1 \\ \hat{f}_i(\hat{x}_{it+h-1}, \cdots, x_{it}, \cdots, x_{it+h-d}), & h \in \{2, \cdots, d\} \\ \hat{f}_i(\hat{x}_{it+h-1}, \cdots, \hat{x}_{it+h-d}), & h \in \{d+1, \cdots, H\} \end{cases} \tag{4-6}$$

$$\hat{y}_{t+h} = \hat{g}(\hat{x}_{1t+h}, \hat{x}_{2t+h}, \cdots, \hat{x}_{it+h}), \quad h \in \{1, \cdots, H\} \tag{4-7}$$

4.2.2　预测模型框架

在上一节中对模型的预测原理进行了详细的介绍。从预测模型建立的原理可以看出，模型从两个维度实现钼精矿市场价格的动态预测：一是从时间维度上实现多维钼数据的每一个维度的多步预测；二是从钼数据维度上实现钼精矿市场价格的多步预测。因此，依据第 3 章对多步时间序列的预测研究，在构建的多维钼数据的基础上，本书提出了钼精矿市场价格动态预测模型，其具体的框架如图 4-1 所示。首先，对不同维度的钼数据，采用 EMD-ARIMA-LSTM 多步预测模型实现钼数据的不同预测步数；然后，针对钼数据每一预测步数的预测值，采用 BP 神经网络构建回归预测模型，从而实现钼精矿市场价格的动态预测。

如图 4-1 所示，在本书中，钼精矿市场价格动态预测模型的构建分为两个部分，第一部分对各个维度的钼数据分别构建 EMD-ARIMA-LSTM 时间序列多步预测模型，第二部分采用 BP 神经网络构建钼精矿市场价格回归预测模型。由于在第 3 章中对 EMD-ARIMA-LSTM 预测方法的建模过程进行过详细的叙述和实验仿真论证，因此在本章模型的构建过程中，将不再对各维度钼数据的 EMD-ARIMA-LSTM 多步预测模型的构建过程进行复述，只对基于多维钼数据的 BP 神经网络回归预测模型构建过程进行介绍。

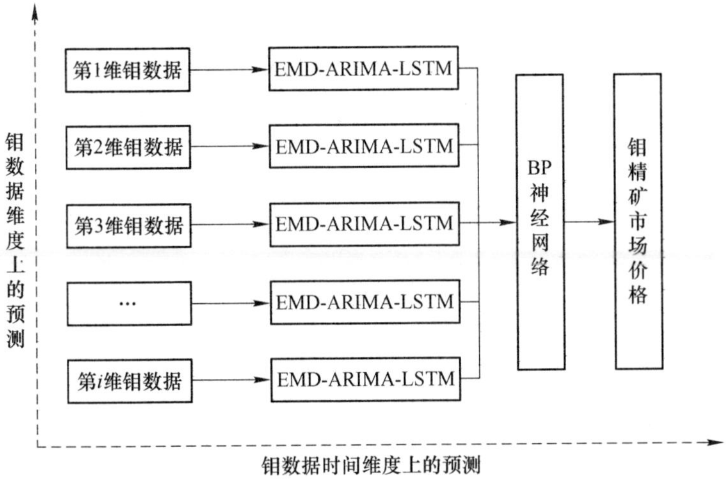

图 4-1 多维钼数据下的钼精矿市场价格动态预测模型框架

4.2.3 数据的预处理

本书中，数据的预处理包括数据缺失值的处理、模型训练数据集的划分、数据的量纲标准化等。

（1）数据缺失值的处理。在实际的数据统计过程中，由于统计信息无法在相应的时间内获取，或者统计人员工作失误的原因，常常会产生统计缺失数据。因此需要对缺失数值的变量进行删除或者对缺失的数据进行补全。本书中，采用插值的方法补全缺失的数值，具体采用三次样条插值进行数据的插值。三次样条插值可采用 matlab 中的 spline 函数，具体的使用方法为 $yy = \text{spline}(x, y, xx)$，其中 x 为原数据标记，y 为原数据的观测值，xx 是需要进行插值数据的标记，yy 是插值后的数据。

除此之外，还需要对统计尺度不统一的数据进行处理，例如使用的数据的统计频率为月度，但是获取到的统计数据的频率为季度，需要将数据的统计频率由季度转换成月度。在本书的数据转换中，假设在同一个季度内的每个月份的指标数值相差较小，因此可以采用以下随机平均公式进行数据频率之间的转换

$$M_i = Q\left(\frac{R_i}{\sum_{i=1}^{3} R_i}\right) \tag{4-8}$$

式中，M_i 为月度数据；Q 为季度数据；R_i 为［1，1.001］之间的随机数。

（2）模型训练数据集的划分。模型训练数据集的划分是将原始收集到的数据，按照人为的意愿划分为训练数据集和留出数据集。其中训练数据集用于模型

的训练，可进一步划分为训练数据和测试数据；留出数据集一般用于模型的仿真实验，评测模型预测效果的好坏。

（3）数据及数据量纲的标准化。由于统计的钼数据之间的量纲不同，在运用钼数据构建预测模型之前，需要对数据进行标准化预处理。钼数据的预处理采用归一化的方法进行，即将原始的钼数据归一化为［0，1］之间。采用的归一化表达式为：

$$\bar{x}_t = \frac{x_t - x_{t(\min)}}{x_{t(\max)} - x_{t(\min)}} \tag{4-9}$$

式中，$\bar{x}_t$ 为序列归一化之后的数值；x_t 为数据的原始数值；$x_{t(\min)}$ 为序列中的最小值；$x_{t(\max)}$ 为序列中的最大值。

4.2.4 BP 神经网络构建

在本书中，将多维钼数据作为 BP 神经网络的输入值，钼精矿的价格作为 BP 神经网络的输出值构建 BP 神经网络预测模型，实现钼精矿市场价格的动态预测。BP 神经网络设计过程包括网络输入、输出层节点数的确定，网络隐含层数及神经元数的确定，网络参数的设置。

（1）网络输入、输出层节点数的确定。BP 神经网络的输入层和输出层一般按照数据的输入、输出维度确定节点数。本书中，采用钼数据作为神经网络的输入数据，一共有 9 个输入向量，即神经网络的输入层节点数为 9。神经网络的输出为钼精矿市场价格，为 1 个输出向量，因此神经网络的输出层节点数为 1。

（2）网络隐含层数及神经元数的确定。BP 神经网络的隐含层层数及神经元的数目决定着网络训练的好坏。神经网络的隐含层层数可以根据问题的复杂程度进行适当调节。当所要解决的问题不是很复杂的时候，一般采用一层隐含层即可解决问题；当问题很复杂的时候，可以通过适当地增加神经网络的隐含层层数增强网络的映射能力。然而，BP 神经网络的层数不能够无限制进行增加，否则会由于网络层数过多，出现拟合过度的现象，从而导致模型训练失败；除此之外，过多的隐含层层数也会导致 BP 神经网络模型训练困难，容易使网络的权重陷入局部极小值。因此，在不能过多增加神经网络的隐含层层数的前提下，提高神经网络训练效果的另外一种方法是增加隐含层神经元的数目。

在本书 BP 神经网络预测模型的设计中，采用 1 层隐含层。其中，网络隐含层的神经元数目根据以下经验公式进行计算：

$$j = \sqrt{n + m} + a \tag{4-10}$$

式中，j 为隐含层神经元的数目（向上取整）；n 为神经网络的输入层的节点数；m 为神经网络输出层的节点数；a 为区间［1，10］中的整数。

（3）网络的参数设置。BP 神经网络需要设置的初始参数包括网络输入层、隐含层的初始权值，网络的学习速率，最大训练次数以及训练的目标值。

1）网络输入层、隐含层的初始权值。网络初始权值的设置对神经网络的训练有很大的影响，其主要决定了网络是否能够收敛，是否收敛到全局的最小值和训练收敛的时间长短。神经网络的初始权值设置得过大或过小，都会使得加权之后的函数值接近于激活函数的上下边界，导致在训练的过程中，网络权重极易陷入局部最优。因此，为了避免产生这种问题，一般在 BP 神经网络开始训练之前，使初始权值的取值分布得越均匀越好，即初始权值在区间［-1，1］之间随机生成。

2）网络的学习速率。在 BP 神经网络中，模型训练的学习速率通常决定着神经网络训练的收敛速度和收敛精度。当神经网络的学习速率取值过小的时候，由于每次权重调节较小，会使网络的学习时间变长，收敛速度下降。除此之外，使用梯度下降法在训练的过程中，由于局部极小值的存在，过小的学习速率会使模型跳入局部极值，并且在后续的训练过程中跳不出局部最小值，因此陷入局部最优。当神经网络的学习速率取值过大的时候，每次权重的调节较大，从而使网络在训练的过程中，会在最优值附近出现振荡现象，从而使网络的鲁棒性较差。因此在 BP 神经网络的训练中，综合考虑神经网络的收敛速度、收敛精度和鲁棒性，初始的学习速率一般设置为 0.001，并且需根据模型的训练结果进行调整，选择较优的学习速率。

3）最大训练次数。最大的训练次数是神经网络训练停止的信号，当最大训练次数的取值较小的时候，网络的训练会提前停止，参数的收敛不完全；当最大训练次数的取值较大的时候，网络训练会出现过拟合的现象，导致训练好的神经网络解决实际问题的泛化性能差。在本书中，BP 神经网络的最大训练次数设为 2000。

4）网络训练的目标。BP 神经网络中，除了可以通过设置最大的训练步数来结束模型的训练之外，还可以通过设置网络训练的目标来结束对网络的训练。因此，本书除了设置训练的目标精度来结束模型的训练之外，还设置了最大训练步数来防止模型训练达不到设定目标而陷入死循环。

4.3 实例仿真与应用分析

4.3.1 实例数据介绍

收集的钼数据及数据来源说明见表 4-1。

表 4-1 钼数据及数据来源

多维钼数据		数据范围	数据来源
钼价格数据	钼精矿价格	2004.4～2018.8	中国钼网
	钼铁价格	2003.12～2019.3	中国钼网
	氧化钼价格	2009.5～2019.3	中国钼网

续表 4-1

多维钼数据		数据范围	数据来源
钼供需数据	钼精矿产量	2009.1～2018.12	中国钼网
	钢材销售量	2003～2018	国家统计局
	房屋竣工面积	2003～2018	国家统计局
宏观经济数据	GDP	2003～2018	国家统计局
	CPI	2003.1～2019.1	国家统计局
	PPI	2003.1～2019.1	国家统计局

在表 4-1 所示的数据中，钼精矿价格、钼铁价格、氧化钼价格、钼精矿产量、CPI、PPI 为月度数据，钢材销售量、房屋竣工面积、GDP 数据为季度数据。为了让各个维度的钼数据在时序上统一，本书首先将季度数据转换成月度数据，然后针对各维度的钼数据缺失值，采用上文提到的插值方法补全缺失的数据。

由于 2008 年全球金融危机之前和金融危机之后全球的经济形势变化较大，并且 2008 年金融危机之前距离现在的时间久远，参考价值较小，因此，在选取数据构造预测模型的训练集和测试仿真集的过程中，只采用 2009 年以后的数据。其中，模型的训练集与测试集采用 2009 年 5 月～2017 年 2 月之间的钼数据构建，数据的留出集为 2017 年 3 月～2018 年 8 月之间的数据。

4.3.2 仿真环境介绍

在本章中，实例仿真实验的环境与第 3 章中的实验环境一样，但是本章在实验平台中增加了 Matlab 仿真工具箱中的人工神经网络工具箱，其余的运行环境及配置不再赘述。

4.3.3 预测性能评价指标

为了评价对钼精矿市场价格的预测效果，以及方便预测模型之间的对比，本书选用了 MAPE 和 RMSE 两种常用的预测效果评价指标，来评价钼精矿市场价格预测的每一步预测效果。在本书中，每一步预测的 MAPE 和 RMSE 计算方式如公式（4-11）、公式（4-12）所示。

$$\text{MAPE}_h = \left|\frac{\hat{x}_{t+h} - x_{t+h}}{x_{t+h}}\right| \times 100 \tag{4-11}$$

$$\text{RMSE}_h = \sqrt{(\hat{x}_{t+h} - x_{t+h})^2} \tag{4-12}$$

式中，h 为预测步数，在本书中 $h \in \{1, 2, 3, \cdots, 18\}$。

4.3.4 仿真实验设计

为了实现钼精矿市场价格的动态预测，本书设计了如图 4-2 所示的实例仿真实验流程。

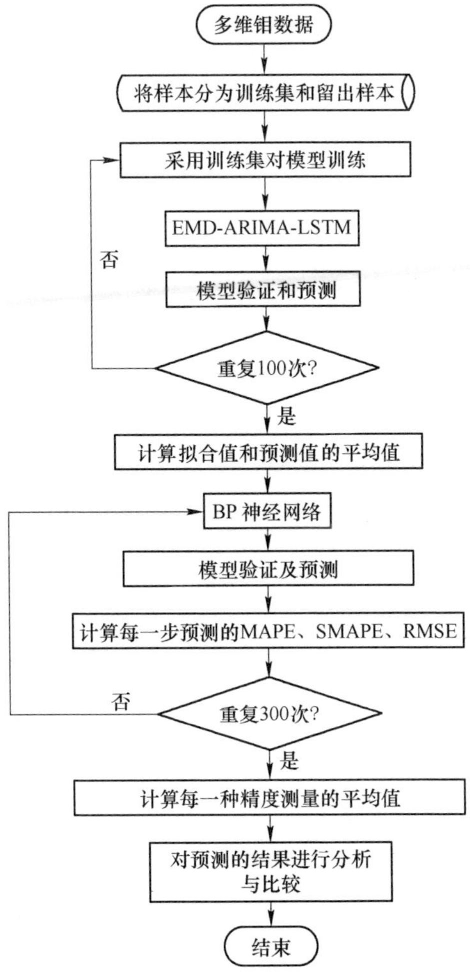

图 4-2 钼精矿市场价格预测仿真实验设计流程

如图 4-2 所示，在本次实验过程中，为了保证预测结果的客观性，本书采用多次预测的平均结果来代替一次预测的结果。在采用 EMD-ARIMA-LSTM 预测方法进行多维钼数据的时间序列多步预测过程中，本书对每一维钼数据分别进行了 100 次预测实验，最后得出了这 100 次预测实验的拟合值和预测值的平均值。然后，将前文预测实验得到的多维钼数据拟合值的平均值作为 BP 神经网络的输入数据，钼精矿的价格作为 BP 神经网络的输出数据，对 BP 神经网络进行训练。BP 神经网络训练完成之后，采用多维钼数据多步预测预测值的平均值作为 BP 神经网络的输入值，对钼精矿市场价格进行预测，一共进行了 300 次预测实验，最后将预测得到的值求平均，作为钼精矿市场价格的最终预测值。

4.3.5 仿真应用

本书中，采用 EMD-ARIMA-LSTM 模型对多维钼数据每一维 18 步（2017 年 3 月～2018 年 8 月）进行预测，结果的平均值见表 4-2。

表 4-2 多维钼数据的 18 步预测结果平均值

预测步数	钼价格数据			钼供需数据			宏观经济数据		
	钼精矿价格/元·(吨·度)$^{-1}$	钼铁价格/美元·kg^{-1}	氧化钼价格/元·(吨·度)$^{-1}$	钼精矿产量/t	钢材销售量/万吨	房屋竣工面积/万米^2	GDP/亿元	CPI	PPI
1	1086.1	17.732	1144.8	24507.8	8500.1	21737.1	61817.6	100.43	107.31
2	1190.5	17.767	1267.3	26117.6	9722.7	28665.3	65949.7	101.12	106.15
3	1185.6	17.763	1238.1	24098.7	9623.0	26790.9	73088.6	101.98	104.73
4	1095.2	17.825	1129.4	25993.2	9285.1	28036.1	60159.4	101.56	105.05
5	1021.6	18.500	1104.9	24259.7	8986.7	28616.3	64403.5	101.14	104.51
6	1003.4	18.726	1183.1	23850.9	8643.1	28533.1	69802.1	101.59	105.87
7	1169.5	18.913	1372.4	26231.4	9092.9	29780.4	75818.4	101.48	106.22
8	1285.7	20.150	1462.3	25785.2	8620.7	58470.0	83514.7	101.23	106.08
9	1377.2	20.347	1497.6	24971.3	8354.9	59027.4	73991.1	101.41	105.17
10	1433.8	20.512	1526.7	26187.4	8279.1	61280.3	77733.2	101.62	104.26
11	1493.2	20.944	1583.4	23579.8	8924.9	37547.6	69470.1	101.17	103.71
12	1552.3	21.431	1690.9	24585.6	8605.4	29928.8	66412.8	102.74	103.15
13	1583.7	21.632	1788.6	25425.7	8914.2	24219.0	70037.1	102.26	103.94
14	1629.8	21.426	1822.7	26968.4	9596.0	21672.5	76544.8	101.54	104.43
15	1634.5	21.783	1837.5	23727.5	10546.1	33534.5	77387.6	101.97	104.53
16	1695.8	22.462	1898.1	24500.3	11933.0	37283.8	78363.0	102.03	104.82
17	1719.5	21.325	1940.6	23812.7	10260.6	34829.3	74347.5	102.27	105.3
18	1824.6	20.854	1993.7	22754.8	12450.1	32019.1	79964.2	102.48	104.81

在得到各维钼数据的拟合值之后，本书采用 3 层的 BP 神经网络构建钼精矿市场价格动态预测模型，并采用钼数据的拟合值对网络进行训练，使用表 4-2 中的多维钼数据预测值和训练好的 BP 神经网络对钼精矿市场价格的多步预测结果进行修正，得到最终的钼精矿市场价格预测值。其中，BP 神经网络的结构如下：

（1）BP 神经网络的输入层节点为 9，中间隐含层的神经元数为 10，输出层节点数为 1。

（2）选用“logsig”函数为隐含层的激活函数，输出层选用“purelin”激活函数，网络的训练选用“trainlm”方法。

（3）神经网络初始权值的取值在 [−1，1] 之间随机生成，学习率设为 1×10^{-6}，目标精度设为 1×10^{-4}，最大的训练次数设为 20000。

（4）采用 matlab 建立的 BP 神经网络代码，如图 4-3 所示。

```
%% 3 构建神经网络
n=10;
net=newff(train_x,train_y,[n],{'logsig','purelin'},'trainlm');
inputWeights=net.IW{1,1};
inputbias=net.b{1};
layerWeights=net.IW{1,1};
layerbias=net.b{2};
net.trainParam.show=50;
net.trainParam.lr=1e-6;
net.trainParam.epochs=20000;
net.trainParam.goal=1e-4;
net=train(net,train_x,train_y);% 训练神经网络
```

图 4-3　BP 神经网络核心代码

在使用 matlab 软件构建好 BP 神经网络之后，网络一次实验的训练过程可视化如图 4-4 所示。

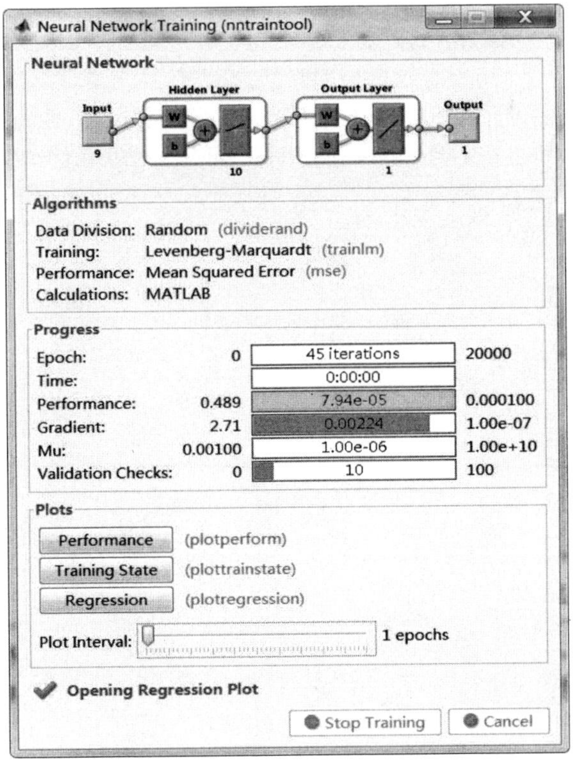

图 4-4　BP 神经网络训练可视化

通过对图 4-4 的观察，可以看出构建的网络在这一次训练过程中，一共进行了 45 次迭代，训练的精度达到了 9.72×10^{-5}，即网络达到了目标设定的精度停止了训练。在作图区域，对网络训练过程中的误差进行作图，结果如图 4-5 所示。

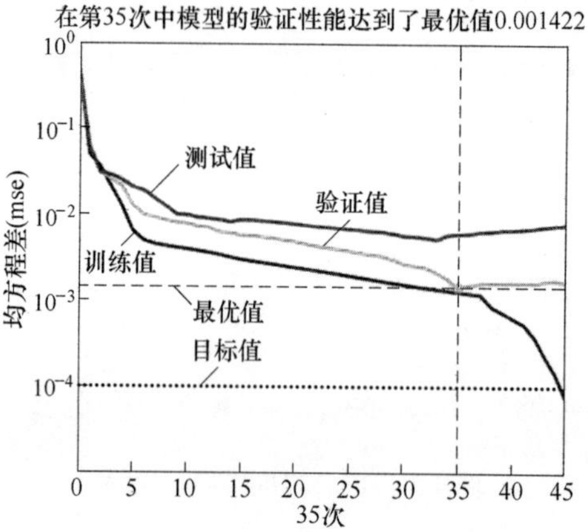

图 4-5　BP 神经网络训练误差

从图 4-5 中可以明显地观察出随着 Epoch 的增加，神经网络训练的误差在不断的减小，在 Epoch 等于 45 的时候，网络训练的精度达到最小，低于设定的目标值。对验证集的误差进行观察，可以发现当训练的 Epoch 为 35 时，神经网络的训练达到了最优的程度，当 Epoch 继续增加的时候，BP 神经网络训练的误差尽管还在下降，但是此时网络已经开始出现过拟合现象，验证集的误差在逐渐的增加。对神经网络进行调整重新训练之后，网络的训练、验证、测试等结果最终结果如图 4-6 所示。

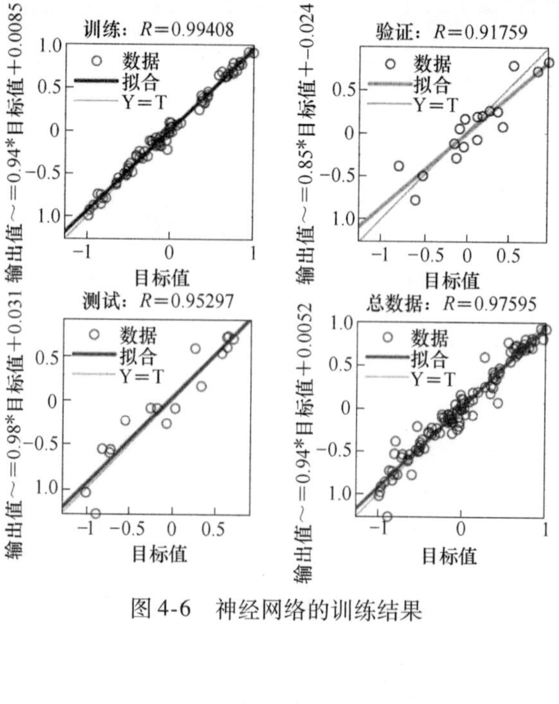

图 4-6　神经网络的训练结果

图4-6中，神经网络训练、验证、测试的回归 R 值都大于0.9，表明网络无论是在训练、验证和测试的过程中，性能良好。

4.3.6 仿真结果分析及应用

采用4.3.5节中训练好的网络，对钼精矿市场价格进行300次预测实验，预测结果平均值如图4-7所示。

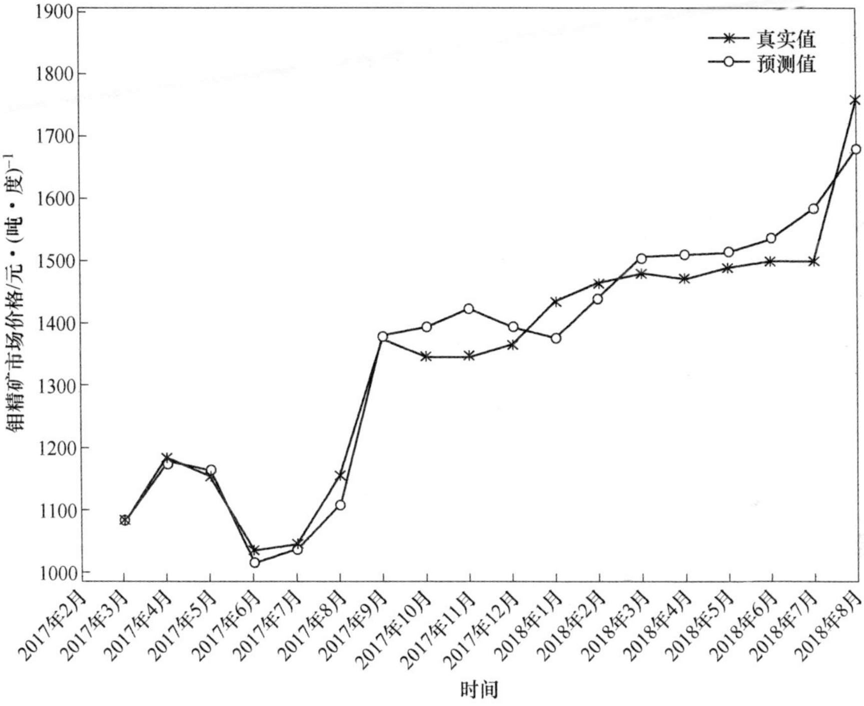

图4-7 钼精矿市场价格预测结果

图4-7中，2017年3月~2017年5月的钼精矿市场价格预测值，最接近钼精矿市场价格的真实值。随着预测步数的增加，钼精矿市场价格的预测值与真实值的差距也在逐渐增大。造成这种结果的可能原因为：一是由于神经网络的输入数据是各维钼数据的预测值，其与真实钼数据之间有一定的差距，因此会在BP神经网络的预测过程中产生偏差；二是多维钼数据的预测值是通过EMD-ARIMA-LSTM多步预测模型得到，随着预测步数的增加，EMD-ARIMA-LSTM多步预测的结果会变差，导致2017年6月~2018年8月之间预测价格与真实价格之间产量差距。为了进一步讨论多维钼数据对EMD-ARIMA-LSTM多步预测结果的修正效果，将两种预测方法得到的预测结果进行作图，结果如图4-8所示。

图4-8中，预测值表示的是基于多维钼数据与EMD-ARIMA-LSTM的钼精矿

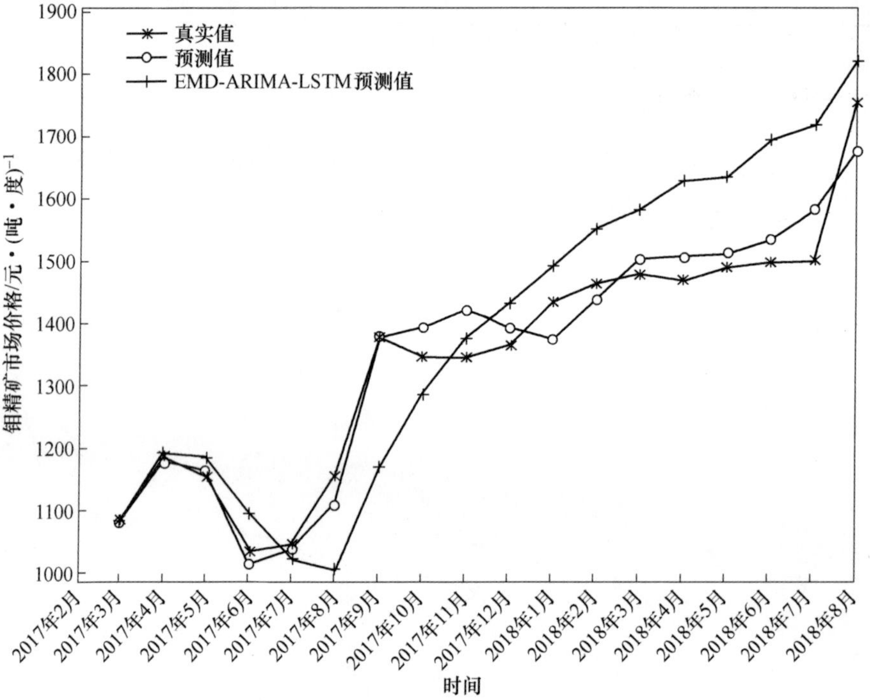

图 4-8 钼精矿市场价格预测结果对比

市场价格动态预测模型得到的平均预测结果，EMD-ARIMA-LSTM 预测值为仅采用钼精矿历史价格时间序列预测的平均预测结果。在对钼精矿市场价格进行预测的过程中，通过对比预测值和 EMD-ARIMA-LSTM 预测值两条曲线，可以发现基于多维钼数据的钼精矿市场价格动态预测能够对多步时间序列预测的预测结果进行有效的修正，使得钼精矿市场价格的中长期预测结果更接近于真实情况。

进一步对预测结果的预测效果评价指标进行计算，采用式（4-11）和式（4-12）分别计算了上述两种预测方法对钼精矿市场价格预测的每步预测平均值的 MAPE 和 RMSE，及 1 ~6 步、7 ~12 步、13 ~18 步和全预测期的平均值，结果见表 4-3。

表 4-3 钼精矿市场价格预测效果评价指标

预测模型		预测步数						平均值			
		1	2	3	6	12	18	1 ~ 6	7 ~ 12	13 ~ 18	1 ~ 18
MAPE	模型 1	0. 42	0. 59	1. 57	5. 75	5. 14	7. 92	3. 32	5. 32	8. 1	5. 86
	模型 2	0. 56	0. 46	2. 13	7. 5	8. 55	11. 06	4. 17	7. 07	10. 96	7. 75

续表 4-3

预测模型		预 测 步 数						平 均 值			
		1	2	3	6	12	18	1 ~ 6	7 ~ 12	13 ~ 18	1 ~ 18
RMSE	模型 1	4. 5	7	18. 1	66. 4	75. 3	139. 4	36. 78	73. 92	124. 23	78. 31
	模型 2	6. 1	5. 5	24. 6	86. 6	125. 3	194. 6	46. 23	98. 22	167. 98	104. 14

表 4-3 中，模型 1 代表基于多维钼数据与 EMD-ARIMA-LSTM 的钼精矿市场价格动态预测模型，模型 2 代表 EMD-ARIMA-LSTM 时间序列多步预测模型。从预测效果评价指标的计算结果来看，无论是 MAPE 还是 RMSE，除了在钼精矿市场价格的第 2 步预测上，模型 1 的结果都小于模型 2 的预测结果，并且预测的精度较模型 2 分别提高 26. 23%、30. 09%、23. 33%、39. 9%、28. 37%。在钼精矿市场价格的短期（1 ~ 6 步）、中期（7 ~ 12 步）和长期（13 ~ 18 步）预测中，模型 1 比模型 2 的预测精度分别提高 20. 44%、24. 74%、26. 04%。在钼精矿市场价格的中长期（7 ~ 18 步）预测中，模型 1 比模型 2 的预测精度提高了 24. 8%。

使用多维钼数据构建的钼精矿市场价格动态预测模型，对 2018 年 8 月之后的钼精矿市场价格进行预测，预测结果见表 4-4。

表 4-4 实例应用预测结果

日期	预测结果 /元·(吨·度)$^{-1}$	日期	预测结果 /元·(吨·度)$^{-1}$	日期	预测结果 /元·(吨·度)$^{-1}$
2018 年 9 月	1872. 63	2019 年 3 月	1627. 43	2019 年 9 月	1903. 44
2018 年 10 月	1951. 27	2019 年 4 月	1703. 61	2019 年 10 月	1955. 76
2018 年 11 月	2034. 8	2019 年 5 月	1794. 73	2019 年 11 月	2073. 43
2018 年 12 月	1906. 73	2019 年 6 月	1864. 87	2019 年 12 月	2026. 92
2019 年 1 月	1753. 81	2019 年 7 月	1933. 52	2020 年 1 月	1983. 57
2019 年 2 月	1699. 35	2019 年 8 月	1985. 75	2020 年 2 月	2079. 65

4.4 本章小结

本章通过多维钼数据，结合 EMD-ARIMA-LSTM 时间序列多步预测方法，构建了钼精矿市场价格动态预测模型，并进行了仿真实验。主要的研究内容和结论如下：

（1）通过本书第 1 章对钼市场及钼精矿市场价格影响因素的分析，构建了多维钼数据。

（2）在多维钼数据各个维度数据多步预测的基础上，构建了基于多维钼数据与 EMD-ARIMA-LSTM 的钼精矿市场价格动态预测模型，并对预测模型的原理和构建过程进行了详细的阐述。

（3）采用实例数据对构建的钼精矿市场价格动态预测模型进行了仿真实验验证，并从模型的训练情况、预测效果以及与 EMD-ARIMA-LSTM 预测方法的对比等多个方面进行了分析，结果表明基于多维钼数据与 EMD-ARIMA-LSTM 的预测模型能够取得较高的预测精度，与 EMD-ARIMA-LSTM 时间序列多步预测模型相比，预测精度提高了 20% 以上，能够有效改善仅采用时间序列进行多步预测的预测精度。

5 基于改进 PSO-GRNN 及灰色-马尔科夫模型的钼精矿价格动态预测

5.1 基于改进 PSO-GRNN 模型的钼精矿价格预测

5.1.1 指标构建与数据获取

中国钼精矿价格主要受政策因素、市场因素、技术因素以及突发事件因素的影响，其中主要包括供给侧改革的实施、环保措施的执行、钼矿骨干企业联合限产、钼产品上下游供求关系以及生产量、储量、进出口量等。根据已有研究，钼精矿价格的影响因素主要涉及两个方面：微观层面和宏观层面。微观方面涉及钼矿的分布区域与现有储量、与钼矿相关产品的产量和价格、钼金属制品当前市场的供需关系、钼产业生产规模相关技术的发展和整个钼行业成本利润的情况及钼精矿的应用前景等。在宏观层面，主要涉及政治、社会、经济、环境等因素。

在第 1 章分析的基础上，本章按照客观真实、全面系统的原则，分析了我国钼精矿的价格，选择了钼金属产业相关的钢材价格作为微观因素的代表；在宏观因素中，选择了 CPI（居民消费价格指数）、PPI（生产价格指数）、PMI（制造业的采购经理指数）、矿产品企业商品价格指数以及货币供应量 M0、M1、M2 为评价指标，选用价格波动幅度作为评价目标，构建钼精矿价格预测指标体系，如图 5-1 所示，其核心指标数据见表 5-1。

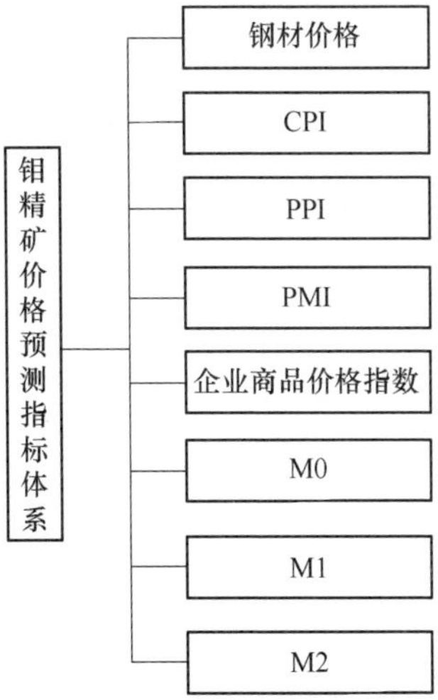

图 5-1　钼精矿价格预测指标体系

表 5-1　钼精矿价格及相关因素数据

时　间	钢材价格/元·t^{-1}	CPI	PPI	PMI	企业商品价格指数	M0/亿元	M1/亿元	M2/亿元	钼精矿价格/元·(吨·度)$^{-1}$
2016年1月	1884	101.8	94.7	49.4	88.2	72527	412686	1416320	720
2016年2月	1964	102.3	95.1	49	89.7	69422	392505	1424619	720
2016年3月	2407	102.3	95.7	50.2	93.4	64651	411581	1446198	768
2016年4月	2787	102.3	96.6	50.1	95.5	64403	413505	1445210	785
2016年5月	2553	102	97.2	50.1	95	62781	424251	1461695	914
2016年6月	2331	101.9	97.4	50	94.7	62819	443644	1490492	1001
2016年7月	2506	101.8	98.3	49.9	97.48	63276	442934	1491559	960
2016年8月	2662	101.3	99.2	50.4	99.82	63455	454544	1510983	926
2016年9月	2630	101.9	100.1	50.4	101.5	65069	454340	1516361	925
2016年10月	2717	102.1	101.2	51.2	102.2	64215	465447	1519485	926
2016年11月	3149	102.3	103.3	51.7	107.3	64904	475406	1530432	933
2016年12月	3539	102.1	105.5	51.4	112.3	68304	486557	1550067	1026
2017年1月	3428	102.5	106.9	51.3	115.2	86599	472526	1575946	1056
2017年2月	3563	100.8	107.8	51.6	117.1	71728	476528	1582913	1033
2017年3月	3716	100.9	107.6	51.8	115.8	68605	488770	1599610	1104
2017年4月	3273	101.2	106.4	51.2	112.2	68393	490180	1596332	1196
2017年5月	3339	101.5	105.5	51.2	110.2	67333	496390	1601360	1201
2017年6月	3414	101.5	105.5	51.7	110.2	66978	510228	1631283	1073
2017年7月	3640	101.4	105.5	51.4	109.3	67129	510485	1628997	1035
2017年8月	3941	101.8	106.4	51.7	111.8	67551	518114	1645157	1150
2017年9月	4131	101.6	106.9	52.4	111.8	69749	517863	1655662	1379
2017年10月	4265	101.9	106.9	51.6	111.2	68231	525977	1653434	1368
2017年11月	4216	101.7	105.8	51.8	107.6	68623	535565	1670013	1351
2017年12月	4315	101.8	104.9	51.6	105.6	70646	543790	1676769	1401
2018年1月	4016	101.5	104.3	51.3	105.6	74636	543247	1720814	1473
2018年2月	4123	102.9	103.7	50.3	103.9	81424	517036	1729070	1501
2018年3月	4263	102.1	103.1	51.5	101.6	72693	523540	1739859	1682
2018年4月	4233	101.8	103.4	51.4	102.3	71476	525448	1737684	1660
2018年5月	4349	101.8	104.1	51.9	104.2	69775	526277	1743064	1642
2018年6月	4369	101.9	104.7	51.5	104.9	69600	543900	1770200	1630
2018年7月	4292	102.1	104.6	51.2	104.01	69500	536600	1776200	1569
2018年8月	4473	102.3	104.1	51.3	103.51	69800	538300	1788700	1632
2018年9月	4494	102.5	103.6	50.8	105.45	71300	538600	1801700	1876
2018年10月	4364	102.5	103.3	50.2	106.4	70100	540100	1795600	1914

数据来源：中钢网 http：//baojia.steelcn.cn/，东方财富网 http：//data.eastmoney.com。

5.1.2 数据预处理

上述数据指标根据式（2-43）进行预处理，结果见表 5-2。

表 5-2 钼精矿价格及相关因素数据归一化处理结果

时间	钢材价格	CPI	PPI	PMI	企业商品价格指数	M0	M1	M2	钼精矿价格
2016 年 1 月	0.000	0.476	0.000	0.118	0.000	0.523	0.133	0.000	0.000
2016 年 2 月	0.031	0.714	0.031	0.000	0.052	0.356	0.000	0.022	0.000
2016 年 3 月	0.200	0.714	0.076	0.353	0.180	0.100	0.126	0.078	0.040
2016 年 4 月	0.346	0.714	0.145	0.324	0.253	0.087	0.139	0.075	0.054
2016 年 5 月	0.256	0.571	0.191	0.324	0.235	0.000	0.210	0.118	0.162
2016 年 6 月	0.171	0.524	0.206	0.294	0.225	0.002	0.338	0.192	0.235
2016 年 7 月	0.238	0.476	0.275	0.265	0.321	0.027	0.333	0.195	0.201
2016 年 8 月	0.298	0.238	0.344	0.412	0.402	0.036	0.410	0.246	0.173
2016 年 9 月	0.286	0.524	0.412	0.412	0.460	0.123	0.408	0.260	0.172
2016 年 10 月	0.319	0.619	0.496	0.647	0.484	0.077	0.482	0.268	0.173
2016 年 11 月	0.485	0.714	0.656	0.794	0.661	0.114	0.548	0.296	0.178
2016 年 12 月	0.634	0.619	0.824	0.706	0.834	0.296	0.621	0.347	0.256
2017 年 1 月	0.592	0.810	0.931	0.676	0.934	1.278	0.529	0.414	0.281
2017 年 2 月	0.643	0.000	1.000	0.765	1.000	0.480	0.555	0.432	0.262
2017 年 3 月	0.702	0.048	0.985	0.824	0.955	0.312	0.636	0.476	0.322
2017 年 4 月	0.532	0.190	0.893	0.647	0.830	0.301	0.645	0.467	0.399
2017 年 5 月	0.557	0.333	0.824	0.647	0.761	0.244	0.686	0.480	0.403
2017 年 6 月	0.586	0.333	0.824	0.794	0.761	0.225	0.778	0.558	0.296
2017 年 7 月	0.673	0.286	0.824	0.706	0.730	0.233	0.779	0.552	0.264
2017 年 8 月	0.788	0.476	0.893	0.794	0.817	0.256	0.830	0.594	0.360
2017 年 9 月	0.861	0.381	0.931	1.000	0.817	0.374	0.828	0.621	0.552
2017 年 10 月	0.912	0.524	0.931	0.765	0.796	0.292	0.882	0.615	0.543
2017 年 11 月	0.893	0.429	0.847	0.824	0.671	0.313	0.945	0.658	0.528
2017 年 12 月	0.931	0.476	0.779	0.765	0.602	0.422	0.999	0.676	0.570
2018 年 1 月	0.817	0.333	0.733	0.676	0.602	0.636	0.996	0.790	0.631
2018 年 2 月	0.858	1.000	0.687	0.382	0.543	1.000	0.823	0.812	0.654
2018 年 3 月	0.911	0.619	0.641	0.735	0.464	0.532	0.866	0.840	0.806
2018 年 4 月	0.900	0.476	0.664	0.706	0.488	0.466	0.878	0.834	0.787
2018 年 5 月	0.944	0.476	0.718	0.853	0.554	0.375	0.884	0.848	0.772
2018 年 6 月	0.952	0.524	0.763	0.735	0.578	0.366	1.000	0.918	0.762

续表 5-2

时间	钢材价格	CPI	PPI	PMI	企业商品价格指数	M0	M1	M2	钼精矿价格
2018 年 7 月	0.923	0.619	0.756	0.647	0.547	0.360	0.952	0.934	0.711
2018 年 8 月	0.992	0.714	0.718	0.676	0.530	0.376	0.963	0.966	0.764
2018 年 9 月	1.000	0.810	0.679	0.529	0.597	0.457	0.965	1.000	0.968
2018 年 10 月	0.950	0.810	0.656	0.353	0.630	0.393	0.975	0.984	1.000

5.1.3　模型训练

将以上 34 组归一化后的核心指标数据，任抽 25 组作为训练集代入改进的 PSO-GRNN 模型进行训练，其余 9 组作为测试集。与标准的 PSO 相比，改进的 PSO 学习因子是动态变化的，无需设置。而标准 PSO 通常将学习因子设置为 $c_1=2$，$c_2=2$。本书采用的其他参数分别为：种群数 $n=80$；最大迭代次数 $N=200$；$\omega_{max}=0.8$，$\omega_{min}=0.2$，粒子维数 $D=2$。经 Matlab 模拟得出其光滑因子 σ 取 0.62 时，目标函数取得最小值 1683.2，此时取得最小 RMSE，为 0.253。

5.1.4　预测结果

将 9 组测试样本代入训练好的改进 PSO-GRNN 模型中进行预测并对输出数据进行逆归一化，据预测，未来 9 个月钼精矿价格将为 2006 元/(吨·度)、1989 元/(吨·度)、1735 元/(吨·度)、1563 元/(吨·度)、1676 元/(吨·度)、1763 元/(吨·度)、1719 元/(吨·度)、1665 元/(吨·度)、1781 元/(吨·度)。结合钼精矿月平均价格走势（图 5-2），可知，改进 PSO-GRNN 模型的预测结果与钼精矿价格稳步上升的趋势保持一致，表明此模型比较适合钼精矿价格预测。

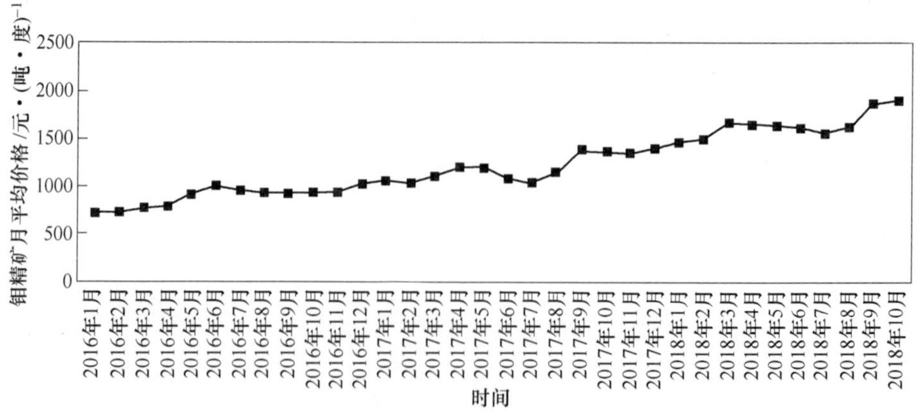

图 5-2　钼精矿 2016～2018 年月平均价格走势

5.2 基于灰色-马尔科夫模型的中国钼精矿价格预测

5.2.1 指标构建与数据获取

2005 ~ 2018 年钼精矿年平均价格统计数据见表 5-3。

表 5-3 2005 ~ 2018 历年钼精矿年平均价格 (元/(吨·度))

编号 k	1	2	3	4	5	6	7	8	9	10	11	12	13	14
年份	2005	2006	2007	2008	2009	2010	2011	2012	2013	2014	2015	2016	2017	2018
价格	5548	4128	4160	3518	1913	2124	2063	1640	1526	1326	937	906	1290	1715

数据来源：中国-东盟矿产资源网。

这里以 2005 ~ 2018 年 14 年间钼精矿年平均价格为 14 个元素的原始数列：

$$x^{(0)} = (5548,\ 4128,\ 4160,\ 3518,\ 1913,\ 2124,\ 2063,\ 1640,\ 1526,\ 1326,\ 937,\ 906,\ 1290,\ 1715)$$

其 1 次累加生成数列（简称 1 - AGO）为：

$$x^{(1)} = (5548,\ 9676,\ 13836,\ 17354,\ 19267,\ 21391,\ 23452,\ 25092,\ 26618,\ 27944,\ 28881,\ 29787,\ 31077,\ 32792)$$

由 MATLAB 软件并结合式（2-55）~ 式（2-60）计算得出 $\hat{\boldsymbol{u}} = (\hat{a},\ \hat{b})^{\mathrm{T}} = \begin{bmatrix} 0.1618 \\ 5603.3 \end{bmatrix}$

$$\hat{x}^{(1)}(k+1) = -29083.03\mathrm{e}^{-0.1618k} + 34631.03 \quad (k = 1,2,3,\cdots,n-1,n)$$

$$\hat{x}^{(0)}(k+1) = L(k) = 5106.98\mathrm{e}^{-0.1618k} \quad (k = 1,2,3,\cdots,n-1,n)$$

由此得到GM(1, 1) 模型预测曲线 $L(t) = 5106.98\mathrm{e}^{-0.1618t}$。

5.2.2 钼精矿年平均价格状态的划分

根据钼精矿近 14 年历史价格数据，并结合马尔科夫链实际应用情况，将近 14 年钼精矿年平均价格划分为下面四个状态：

状态 1($\otimes_1$)：$\tilde{\otimes}_{11} = L(t) - 0.3\overline{L}$，　$\tilde{\otimes}_{21} = L(t) - 0.075\overline{L}$

状态 2($\otimes_2$)：$\tilde{\otimes}_{12} = L(t) - 0.075\overline{L}$，　$\tilde{\otimes}_{22} = L(t) + 0.15\overline{L}$

状态 3($\otimes_3$)：$\tilde{\otimes}_{13} = L(t) + 0.15\overline{L}$，　$\tilde{\otimes}_{23} = L(t) + 0.375\overline{L}$

状态 4($\otimes_4$)：$\tilde{\otimes}_{14} = L(t) + 0.375\overline{L}$，　$\tilde{\otimes}_{24} = L(t) + 0.6\overline{L}$

这里，$L(t)$ 是在 GM(1, 1) 模型下获得的钼精矿的价格预测曲线，$\overline{L}$ 是过去 14 年钼精矿的年平均价格。

通过 MATLAB 软件仿真，得到了钼精矿价格的 GM(1, 1) 模型预测曲线 $L(t)$ 和状态划分图，如图 5-3 所示，图中"*"代表钼精矿所在年份的实际值，纵轴代表钼精矿价格，横轴为年份的编号，也代表表 5-3 中的 k 值，每两条曲线之间形成的条形区域分别代表一个状态。

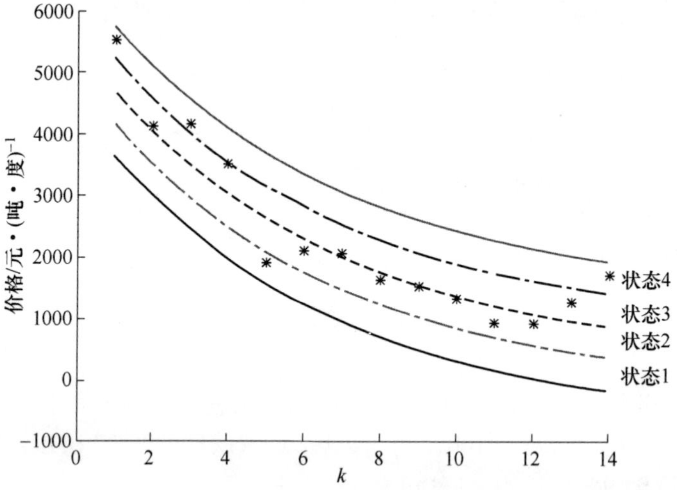

图 5-3　GM(1, 1) 模型预测曲线 $L(t)$ 和四个区间划分状态

5.2.3　钼精矿价格状态转移概率矩阵的计算及预测值的确定

图 5-3 中显示，状态$\otimes_1$、$\otimes_2$、$\otimes_3$、$\otimes_4$ 的原始数据个数分别为：$M_1=1$，$M_2=6$，$M_3=4$，$M_4=2$。由于难以确定最后数据的状态，因此在计算 M_4 时应删除最后的数据。通过式（2-55）获得每个状态的一步转移状态概率 $P_{ij}(1)$，并且通过式（2-56）获得的钼精矿年平均价格状态转移概率矩阵如下：

$$\boldsymbol{P}(1)=\begin{bmatrix}0 & 1 & 0 & 0\\ 0 & \frac{2}{3} & \frac{1}{3} & 0\\ 0 & \frac{1}{2} & 0 & \frac{1}{2}\\ 0 & 0 & 1 & 0\end{bmatrix}$$

由于 2018 年钼精矿价格数据处于状态$\otimes_4$，经过一年转移有 $\max P_{4j}(1)=P_{43}(1)=1$，由此可以认为 2019 年钼精矿的年平均价格可能处于状态$\otimes_3$，由式（2－57）~式（2-59），当 2019 年钼精矿的年平均价格处于状态$\otimes_3$ 时，据预测，2019 年钼精矿年均价可能为 1530. 95 元/(吨·度）~2039 元/(吨·度)。结合目前钼精矿市场的一些情况：2016 年中国钼矿骨干企业联合限产，供应量超预期下降，需求量超预期增长，以及当前供给侧改革的实施和矿山企业环保措施的执行，以上这些因素都推动钼精矿价格上升，因此，2019 年钼精矿的年平均价格将处于状态$\otimes_3$，这与中国有色金属工业协会统计的近年来钼精矿价格稳步上升的趋势是一致的。另外，中国-东盟矿产资源网 2018 年年末近两个月的钼精矿价格数据统计显示，2018 年 10 月 8 日 ~2018 年 12 月 20 日的钼精矿平均市场售价为 1970.48 元/(吨·度)（表 5-4），这与灰色-马尔科夫模型得到的预测结果的增长趋势一致，表明灰色-马尔科夫模型预测系统得到的结果与实际情况更为一致。它具有很强的科学性和实用性。

表 5-4 2018 年 10 月 8 日 ~2018 年 12 月 20 日钼精矿价格的统计数据

（元/(吨·度)）

日期	10 月 8 日	10 月 12 日	10 月 15 日	10 月 17 日	10 月 22 日	10 月 26 日	10 月 29 日
价格	1900	1900	1900	1920	1920	1920	1920
日期	11 月 1 日	11 月 6 日	11 月 9 日	11 月 12 日	11 月 15 日	11 月 19 日	11 月 27 日
价格	2010	2010	2010	2010	2010	2010	2000
日期	12 月 3 日	12 月 5 日	12 月 6 日	12 月 10 日	12 月 12 日	12 月 14 日	12 月 20 日
价格	2000	2000	2000	2000	1980	1980	1980

数据来源：中国-东盟矿产资源网，http：//www.10s1.com/。

为了证明灰色-马尔科夫模型的优越性，本书将建立指数平滑与灰色组合预测模型，动态组合预测过程如下所示。

5.3 基于 GM(1, 1) 和指数平滑法的动态组合预测

GM(1, 1) 预测模型预测过程如 5.2.1 节所述，此处不再重复。

5.3.1 指数平滑法

（1）一次指数平滑。一般公式：

$$S_t = \alpha y_t + (1 - \alpha) S_{t-1} \tag{5-1}$$

式中，S_t 为平滑值；y_t 为实际值；α 为 [0, 1]，是平滑常数。

（2）二次指数平滑。一般公式：

$$\hat{y}_{t+T} = a_t + b_t^T \tag{5-2}$$

平滑值的计算公式：

$$S_t^{(2)} = S_0^{(1)} = y_1 = 2342.43 \tag{5-3}$$

式中，$\hat{y}_{t+T}$为预测值；a_t、b_t 为模型参数，$a_t = 2S_t^{(1)} - S_t^{(2)}$，$b_t = \dfrac{\alpha}{1-\alpha}(S_t^{(1)} - S_t^{(2)})$；$S_i^{(j)}$ 为处理后的数据，即时刻 i 的第 j 次的平滑值。

在指数平滑预测中，最重要的是确定加权系数的值。1）如果序列波动率相对稳定，则应在 0.1 ~0.3 之间选择较小的值，这使得预测模型能够包含更长的时间序列信息。2）如果序列波动率快速且显著，则应在 0.6 ~0.8 之间选择较大的值。这不仅使预测模型更加敏感，而且迅速赶上数据的趋势。在实际应用中，逐步测试方法通常用于确定偏差的最小平方 MSE，其中：

$$\mathrm{MSE} = \sum_{t=1}^{n} (y_t - \hat{y}_t)^2 / n \tag{5-4}$$

（3）运用模型求解。使用 Excel 进行计算指数平滑的结果如下：

1）使用式（5-1）、式（5-4）进行指数平滑的结果见表 5-5。

表 5-5 不同 α 值的平均误差和

α	0.1	0.2	0.3	0.4	0.5
MSE	1454344.1419	986560.2977	658121.3850	435408.8163	280436.3351
α	0.6	0.7	0.8	0.9	
MSE	170695.3679	93395.1961	41244.5577	10460.6742	

2）根据加权系数的选择原则及以上计算可知，该序列变化趋势迅速且较为显著，因此选择 $\alpha=0.6$ 作二次指数平滑，并使用式（5-3）进行 Excel 计算，得到表 5-6，初始值取 $S_0^{(2)} = S_0^{(1)} = y_1 = 2342.43$。

表 5-6 不同年份的二次平滑值

年份	价格	一次平滑值	二次平滑值	预测值	预测误差
2005	5548	4321.7680	3530.0328		
2006	4128	4205.5072	3460.2763	6301.1060	-2173.1060
2007	4160	4178.2029	3443.8937	4997.2424	-837.2424
2008	3518	3782.0812	3206.2207	4494.8970	-976.8970
2009	1913	2660.6325	2533.3515	3908.7588	-1995.7588
2010	2124	2338.6530	2340.1638	2711.3035	-587.3035
2011	2063	2173.2612	2240.9287	2358.9214	-295.9214
2012	1640	1853.3045	2048.9547	2181.3686	-541.3686
2013	1526	1656.9218	1931.1251	1856.5474	-330.5474
2014	1326	1458.3687	1811.9932	1658.2190	-332.2190
2015	937	1145.5475	1624.3005	1458.8876	-521.8876
2016	906	1001.8190	1538.0634	1145.7550	-239.7550
2017	1290	1174.7276	1641.8086	1001.9020	288.0980
2018	1715	1498.8910	1836.3066	1174.7608	540.2392

3）根据式（5-4）和式（5-5），将 2018 年数据代入计算得：$a_{2018} = 1546.37$，$b_{2018} = 36.68$，根据式（5-2），得到的二次指数平滑法的预测模型为：$\hat{y}_{2018+T} = a_{2018} + b_{2018}T$。

4）代入 $T=1$，得到预测值：$\hat{y}_{2019} = 1583.05$。

根据第 5.2.1 节，得出灰色预测结果，见表 5-7。

表5-7 灰色预测结果

年 份	实际值	预测值	误 差
2005	5548		
2006	4128	4344	-216
2007	4160	3695	465
2008	3518	3143	375
2009	1913	2674	-761
2010	2124	2274	-150
2011	2063	1934	129
2012	1640	1645	-5
2013	1526	1399	127
2014	1326	1190	136
2015	937	1012	-75
2016	906	861	45
2017	1290	733	557
2018	1715	623	1092

5.3.2 动态组合预测

对于钼精矿价格预测，有必要选择 m 种不同的预测方法，令 $f_1(t)$, $f_2(t)$, …, $f_m(t)$ 为各预测模型第 t 期预测值，再分别给预测模型的预测结果赋予不同的权重，即可得组合预测的模型如下：

$$f(t) = \sum_{i=1}^{m} \omega_i f_i(t) \tag{5-5}$$

式中，ω_i 为预测模型中 $f_i(i=1, 2, \cdots, m)$ 的权重；$\omega_i \geqslant 0(i=1, 2, \cdots, m)$ 且 $\sum_{i=1}^{m} \omega_i = 1$。

在预测中，考虑到不同点对预测值的不同影响，基于误差的绝对值加权来衡量预测的准确性更客观。所以，权重 ω_i 就是模型的解：

$$\begin{aligned} &\min S = \sum_{k=1}^{n} \left| \omega_1 e_{1k} + \omega_2 e_{2k} + \cdots + \omega_m e_{mk} \right| \\ &\text{s. t}\begin{cases} \omega_1 + \omega_2 + \cdots + \omega_m = 1 \\ \omega_i \geqslant 0 \ (i = 1,2,3,\cdots,m) \end{cases} \end{aligned} \tag{5-6}$$

令：

$$u_k = \frac{1}{2}\left|\omega_1 e_{1k} + \omega_2 e_{2k} + \cdots + \omega_m e_{mk}\right| + \frac{1}{2}\ (\omega_1 e_{1k} + \omega_2 e_{2k} + \cdots + \omega_m e_{mk})$$

$$v_k = \frac{1}{2}\left|\omega_1 e_{1k} + \omega_2 e_{2k} + \cdots + \omega_m e_{mk}\right| - \frac{1}{2}\ (\omega_1 e_{1k} + \omega_2 e_{2k} + \cdots + \omega_m e_{mk})$$

转为一般线性规划模型为：

$$\min S = \sum_{k=1}^{n} (u_k + v_k)$$
$$\text{s. t}\begin{cases} \omega_1 + \omega_2 + \cdots + \omega_m = 1 \\ \omega_i \geqslant 0\ (i = 1,2,3,\cdots,m) \end{cases} \tag{5-7}$$

以上公式中，e_{ik}是第 i 种预测模型在第 k 时刻的预测误差，使用 Matlab 软件求解可得 ω_i。本书通过采用灰色预测与指数平滑法组合预测模型，以期获得更好的预测结果。

二次指数平滑与灰色计算得到的结果见表 5-8。

表 5-8　二次指数平滑法预测值与灰色预测值误差对比

年　份	实际值	二次指数平滑预测法		灰色预测法	
		预测值	误差	预测值	误差
2005	5548				
2006	4128	6301.1060	-2173.1060	4344	-216
2007	4160	4997.2424	-837.2424	3695	465
2008	3518	4494.8970	-976.8970	3143	375
2009	1913	3908.7588	-1995.7588	2674	-761
2010	2124	2711.3035	-587.3035	2274	-150
2011	2063	2358.9214	-295.9214	1934	129
2012	1640	2181.3686	-541.3686	1645	-5
2013	1526	1856.5474	-330.5474	1399	127
2014	1326	1658.2190	-332.2190	1190	136
2015	937	1458.8876	-521.8876	1012	-75
2016	906	1145.7550	-239.7550	861	45
2017	1290	1001.9020	288.0980	733	557
2018	1715	1174.7608	540.2392	623	1092

（1）令第 t 时刻二次指数平滑、灰色预测的预测误差分别为 e_{1t}、e_{2t}。根据 2017～2018 年的预测数据可得 $e_{11} = 1001.902$，$e_{12} = 1174.7608$，$e_{21} = 557$，$e_{22} = 1092$。

（2）根据式（5-7）建立线性规划模型如下：

$$\min S = u_1 + v_1 + u_2 + v_2$$

$$\text{s. t}\begin{cases} 1101.902\omega_1 + 1174.7608\omega_2 = u_1 - v_1 \\ 557\omega_1 - 1092\omega_2 = u_2 - v_2 \\ \omega_1 + \omega_2 = 1 \\ u_k \geqslant 0, v_k \geqslant 0 \ (k = 1,2) \\ \omega_i \geqslant 0 \ (i = 1,2) \end{cases} \tag{5-8}$$

（3）利用 MATLAB 软件求得权重：$\omega_1 = 0.7$，$\omega_2 = 0.3$。

（4）由式（5-5）求解得出的误差绝对值加权和最小的组合预测模型如下：

$$f(t) = 0.7f_{1t}(t) + 0.3f_{2t}(t) \tag{5-9}$$

式中，$f_{1t}(t)$ 是二次指数平滑预测值；$f_{2t}(t)$ 是灰色预测值。

（5）2006～2018 年组合预测模型的预测值可以通过式（5-9）计算得到：

$$\hat{f}(t) = (5129, 4654, 4298, 3890, 3245, 2820, 2495, 2165, 1899, 1662, 1406, 1213, 1153)$$

5.4 三种方法预测结果对比分析

（1）基于年度数据预测模型之间的对比。在使用年度数据的建模分析中，使用灰色-马尔科夫模型和基于指数平滑法与 GM(1，1）的组合预测模型，由 2018 年钼精矿实际年平均价格 1719 元/(吨·度）可知，2018 年钼精矿年均价格在总体上呈上升趋势，灰色-马尔科夫模型主要从定量分析角度出发，充分利用了钼精矿历史价格数据，避开了自然、市场、国内国际政治条件等因素的影响，得出的预测结果更接近实际数据，能为钼矿企业和政府工作人员更好把握中国钼业市场的发展提供决策依据，可以更好地促进国内钼资源的开发和利用。

（2）基于年度与月度数据预测模型之间的对比。本书在考虑影响钼精矿价格走势的众多因素中，按照客观真实、全面系统的原则，对中国钼精矿价格进行分析，在微观因素中选择与钼金属产业相关的钢材价格作为代表；在宏观因素中，选择 CPI（居民消费价格指数）、PPI（生产价格指数）、PMI（制造业的采购经理指数）、矿产品企业商品价格指数以及货币供应量 M0、M1、M2 作为评价指标，选用价格波动幅度作为评价目标，构建钼精矿价格预测指标体系。改进的粒子群优化广义回归神经网络模型使用月度历史数据，预测未来 9 个月的数据，组合预测模型预测了 2006～2018 年 13 年预测数据，两种模型的对比分析结果见表 5-9。其中

$$\text{RMSE} = \sqrt{\text{MSE}} = \sqrt{\frac{\sum (y_i - \hat{y}_i)^2}{n}}$$

表 5-9　年度数据与月度数据预测模型结果对比

PSO-GRNN 预测模型（月度数据）			组合预测模型（年度数据）		
实际值	预测值	RMSE	实际值	预测值	RMSE
1033	1216	183	2124	3245	1121
1104	1230	126	2063	2820	757
1196	1226	30	1640	2495	855
1201	1231	30	1526	2165	639
1073	1244	171	1326	1899	573
1035	1237	202	937	1662	725
1150	1247	97	906	1406	500
1379	1249	130	1290	1213	77
1368	1235	133	1715	1153	562

从表 5-9 可以看出，当使用月度数据进行分析时，误差小于年度数据预测模型，就预测模型整体效果来看，利用月度数据建立的模型拟合优度较年度数据来说有了很大提高，所以利用月度数据结合影响钼精矿价格影响因素的一些相关指标建立的预测模型对钼精矿价格进行预测效果更优。

5.5　本章小结

本章首先分析了影响钼精矿价格的因素，选取其中几种因素作为指标，建立了钼精矿价格与各指标之间的预测模型，结果表明：（1）基于钼精矿月度历史数据，采用改进的粒子群优化算法，结合广义回归神经网络预测模型得到的预测结果，与实际数据的误差较小，更适合钼精矿价格短期预测。同时，预测结果表明，钼精矿价格的变动与钢材价格、CPI（居民消费价格指数）、PPI（生产价格指数）、PMI（制造业的采购经理指数）、矿产品企业商品价格指数以及货币供应量 M0、M1、M2 的数据变化密切相关，决策者应时刻关注市场相关情况，随时做好应对措施。（2）根据中国钼精矿年平均历史价格数据，结合 GM(1，1）模型和马尔科夫理论，两种方法优势互补，建立了灰色-马尔科夫模型，利用 MATLAB 软件实现了预测，结论预示 2019 年钼精矿的年均价格总体呈上升趋势，在与组合预测模型对比分析中可知，灰色-马尔科夫模型一定程度上反映了钼精矿价格因素的动态影响，预测结果高度一致。其中，改进的 PSO-GRNN 钼精矿价格预测模型，首先分析了影响钼精矿价格变动的一些主要因素，选择 8 个影响因子构建预测指标体系，然后对这些指标的数据进行预处理，然后将数据代入进行模型训练，进而得出预测结果。灰色-马尔科夫模型的构建是以 GM(1，1）模型处理下得到的原始数列曲线 $L(t)$ 为基准，做若干条与曲线 $L(t)$ 相平行的曲线，形成若干条条形区域，用每个区域代表一个状态，然后得出每个状态在经过 r 步转移后的转移概率，进而得到一个状态转移概率矩阵。根据矩阵，分析未来钼精矿价格的走势和范围。本书组合预测模型是将 GM(1，1）预测模型和指数平滑预测模型的预测结果进行误差分析，根据组合预测函数模型，用 Matlab 软件运行得出最佳权重，进一步得出组合预测模型，并用新模型预测出历年钼精矿年均价格。最后，本书将三种预测模型的预测结果进行了对比，发现利用 PSO-GRNN 得出的预测结果与用灰色-马尔科夫模型得出的预测结果相比误差更小；同时，就预测模型的整体效果而言，与组合预测模型相比，改进的 PSO-GRNN 预测模型在拟合优度方面有了很大提高，所以利用月度数据结合钼精矿价格影响因素的一些相关指标建立的预测模型对钼精矿价格进行预测效果更优。

6 钼精矿价格敏感性分析

6.1 敏感性分析方法

钼精矿价格的敏感性分析是研究在钼精矿的生产和交换过程中，当各种因素发生变化时，价格如何相应变化，从而决定各种因素对钼精矿价格走势的影响，找出敏感因子并预测可能的风险点，以把握钼精矿的市场趋势。首先，敏感性分析通常需建立一个系统，给定某一基准状态（当因素固定为一种不变状态）$a^*=(a_1^*,\ a_2^*,\ \cdots,\ a_n^*)$，系统特性为 $S^*=f(a^*)$。假设所有参数在可能的范围内变化，分析参数 a^* 的变化对函数 f 的可能影响程度。主导因子的值应在其变化范围内进行，将所得的因素数量值代入设定公式中，所得到的计算结果为 S，该特征值和参考特征 S^* 具有一定的变化趋势和函数规则，可以分析因子变化对特征的影响程度。

敏感性分析的意义在于：(1) 综合考虑造成评价指标变动的敏感因素产生的原因，奠定了本书的研究基础；(2) 通过分析不确定因素作用下评价指标的变动幅度，有助于判别钼矿企业的风险承担能力；(3) 对多个方案的敏感性分析结果进行比较，从中找出相对不太敏感的因素或方案，从而减少投资风险。

敏感性分析有两种主要类型：一种是单因素敏感性分析，另一种是多因素敏感性分析。本书通过使用单因素敏感性分析法分析评估了中国钼精矿的价格。单因素敏感性分析法是指特性 S 由参数 a_i 决定。通常通过固定除参数 a_i 之外的参数，并使 a_i 在赋值范围内变化来分析 a_i 对特征 S 的影响，以分析整个系统特性。

6.2 矿业经济单因素敏感性分析方法

单因素敏感性分析是分析和判断由单个不确定因子变化带来的影响范围，即假设每个不确定性因素保持彼此独立，每次设置一个变动因素，其他因素保持不变，通过分析评价指标的变化范围来判断该因素的敏感度。如果 a_i 在小幅值域内变动，导致 S 浮动较大，即 S 对 a_i 的反应很敏感，称 a_i 为 S 的高敏感参数；相反为低敏感参数。

在敏感性分析中，通过建立系统模型分析因素和特征之间的关系（系统模型应尽可能接近实际情况）。即建立因素和特征之间的函数关系，准确地计算和分析各因素的敏感性，并对不同参数的敏感性分析结果进行对比，定义敏感度因子：

$$S(a_i) = \max\left(\frac{A^* - \max(A_{a_i})}{A^*}, \frac{A^* - \min(A_{a_i})}{A^*}\right)$$

式中，$S(a_i)$ 为参数 a_i 的敏感度；A^* 为基准参数集；$\max(A_{a_i})$ 为单个因素在因素 a_i 的规定范围内变动的的最大值；$\min(A_{a_i})$ 为单个因素在因素 a_i 的规定范围内变动的最小值。

单因素敏感性分析法的分析过程如下：确定分析指标→选择需要分析的因素→确定因素的波动程度可能带来的增减变化→确定敏感性因素→选定方案。

在计算不确定因素变化范围对分析指标的影响程度时，不确定因素的一般选择的百分比变化为 ±5%、±10%、±20%等，同时，每个评价指标变化的结果都以图或表的形式表示，以确定敏感因素。通过计算敏感度系数和临界点来确定敏感性因素。敏感系数是评价目标对不确定因素的敏感程度的反馈，计算公式为：

$$S_{AF} = \frac{\Delta A / A}{\Delta F / F}$$

式中，S_{AF}为评价指标 A 对于不确定因素 F 的敏感性系数；$\Delta F/F$ 为不确定因素 F 的变化率,%；$\Delta A/A$ 为不确定因素 F 变化量为 ΔF 时，评价指标 A 的相应变化率,%。

$S_{AF} > 0$，表示评价指标和不确定因素在同一方向变化；$S_{AF} < 0$，表示评价指标与不确定因素在不同方向变化。S_{AF}绝对值越大，评价指标 A 对于不确定因素 F 越敏感；反之，则越不敏感。可根据需要来编制敏感性分析表。

可靠性大的技术方案一般为敏感程度小，承受风险能力强。临界点可以通过敏感性分析图表进行近似计算。它代表项目允许不确定因素在不利方向上变化的极限值，是评价指标达到最低要求所允许的最大变化幅度，超过极限值，则该方案不可行。

6.3 钼精矿价格敏感性分析

钼精矿价格预测的影响因素涉及多方面。国内钼精矿价格影响因素分布如图 6-1 所示。

在第 1 章钼精矿价格影响因素分析的基础上，本节按照客观真实、全面系统的原则，分析了中国钼精矿的价格敏感性，并从微观因素中选择了与钼金属行业相关的钢材价格、氧化钼价格、钼铁价格以及钼成本构成因素（材料、人工、折旧、能源、制造费用），以某上市公司数据为基准，对钼精矿价格展开敏感性分析，选用价格波动幅度作为评价指标。

为了分析各因素的变动对钼精矿价格的影响程度，可将钼精矿价格用下列函数来表示：

$$Z = f(X_1, X_2, \cdots, X_k) \tag{6-1}$$

式中，Z 为钼精矿价格；X_i 为第 i 个影响因素；k 为影响钼精矿价格的因素的个数。

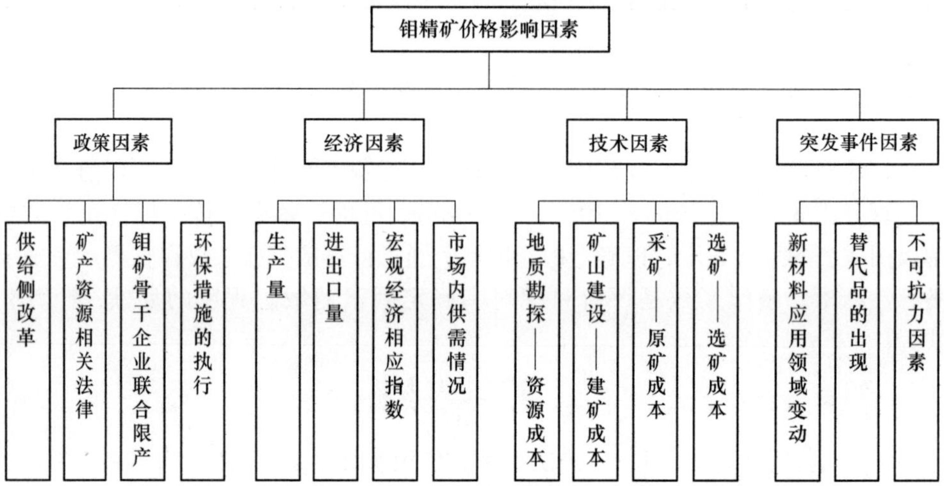

图 6-1　国内钼精矿价格影响因素

当所有因素发生变化时，X_1，X_2，…，X_k 变为 X_1'，X_2'，…，X_k'，设变化量是 ΔX_1，ΔX_2，…，ΔX_k，即 $X_1' = X_1 + \Delta X_1$，$X_2' = X_2 + \Delta X_2$，…，$X_k' = X_k + \Delta X_k$，则钼精矿价格也相应变化，从 Z 变至 Z'，变化量为 $\Delta Z = Z' - Z$，当每个变化量 $|\Delta X|$ 不是太大时，即每个影响因素的变化不是太大，使用多元函数的泰勒展开得：

$$\Delta Z \approx \frac{\partial f}{\partial X_1} \cdot \Delta X_1 + \frac{\partial f}{\partial X_2} \cdot \Delta X_2 + \cdots + \frac{\partial f}{\partial X_k} \cdot \Delta X_k \tag{6-2}$$

式中，$\frac{\partial f}{\partial X_i}$ 为 X_i 对 Z 的偏导数；ΔX_i 为 X_i 的改变量；ΔZ 为所有因素变化共同造成的 Z 的改变量。

在所选因素指标中，只改变因素 X_i，保持其他因素不变，即 $\Delta X_i \neq 0$，$\Delta X_j = 0$，$j \neq i$，则钼精矿价格 Z 的改变量可表示为 ΔZ_i。ΔZ_i 也就是 ΔX_i 对 Z 的影响值，由式（6-2）可得：

$$\Delta Z_i = \frac{\partial f}{\partial X_i} \cdot \Delta X_i \tag{6-3}$$

显然有：

$$\Delta Z = \Delta Z_1 + \Delta Z_2 + \cdots + \Delta Z_k = \sum_{i=1}^{k} \Delta Z_i \tag{6-4}$$

基于上述讨论，可以进行敏感性分析来确定影响钼精矿价格的主要因素。

价格变化百分比与导致其变化的因素 X_i 的变化量之比，即$\frac{\Delta Z_i/Z}{\Delta X_i/X}$为 Z 对 X_i 的敏感度 A_i。

A_i 的含义是第 i 个因素 X_i 发生1%的变化，将导致钼精矿价格变化A_i 个百分点。A_i 为正值，表示 ΔX_i 与 ΔZ_i 在同一方向变化，即如果 X_i 增加 1 个百分点，将使 Z 增加 A_i 个百分点，如果 X_i 减少 1 个百分点，则会导致 Z 减少 A_i 个百分点；如果 A_i 是负数，则意味着 ΔZ_i 的变化方向与 ΔX_i 的变化方向相反，这时若 X_i 增加 1 个百分点，将导致 Z 减少 A_i 个百分点，反之亦然。$|A_i|$越大，因素 X_i 对钼精矿价格 Z 的影响就越大，钼精矿价格 Z 对 X_i 越敏感，此时，因素 X_i 可称为敏感因素，而 X_i 是未来工作控制的重点。A_i 的计算可按式（6-5）进行：

$$A_i = \frac{\Delta Z_i/Z}{\Delta X_i/X} = \frac{\left(\frac{\partial f}{\partial X_i} \cdot \Delta X_i\right)/Z}{\Delta X_i/X_i} = \frac{\partial f}{\partial X_i} \cdot \frac{X_i}{Z} \tag{6-5}$$

在进行价格预测时，我们可以先计算每个因素的敏感度 A_i，并将它们从小到大排列。以这种方式，可以预先掌握各种因素对钼精矿价格的可能影响，在决策时，将主要精力放在相对敏感的因素上，以更准确地预测钼精矿价格。

6.4 实例分析

影响钼精矿价格的因素有很多，诸如钢材价格、相关钼金属氧化钼、钼铁的价格、CPI（居民消费价格指数）、PPI（生产价格指数）、PMI（制造业的采购经理指数）、企业商品价格指数，货币供应量 M0、M1、M2，以及钼成本相关因素（材料、人工、折旧、能源、制造费用）等。本书在实施供给侧改革、钼矿骨干企业联合限产及执行环保措施的背景下，取氧化钼价格、钼铁价格、钢材价格以及钼成本构成影响因素（材料、人工、折旧、能源、制造费用），以某上市公司数据为基准，对钼精矿价格展开敏感性分析，其中，根据某上市公司的报表统计得出钼相关产品成本利润（表 6-1）、成本分析（表 6-2）、钼相关产品经营情况分析（表 6-3）、钼相关产品钼铁、氧化钼及钼精矿 2012 ~ 2018 年年平均价格（表 6-4），根据这些数据，在初始值的基础上变化 ±5%、±10%，分别计算钼精矿价格的变化，结果见表 6-5。

表 6-1　某上市公司钼钨相关产品利润　（元）

年　份		2012	2013	2014	2015
国内市场	营业收入	124560707	3642713325	3558571625	2399446543
	营业成本	128963436	1907427271	1925646809	1462154649
	毛利	-4402729	1735286054	1632924816	937291894
	毛利率/%	-3.5	47.6	45.9	39.1

续表 6-1

年　份		2012	2013	2014	2015
国际市场	营业收入	10947710	34532802	56542258	21693904
	营业成本	10970429	40710410	28681248	21019640
	毛利	-22719	-6177608	27861011	674264
	毛利率/%	-0.2	-17.89	49.3	3.1

表 6-2　某上市公司钼钨相关产品成本分析　（元）

年份	2012	2013	2014	2015	2016	2017
材料	505604290	409248147	524911520	363927503	403316759	614379600
人工	304179681	313173629	338306799	284267071	237424769	300897000
折旧	173924541	176384065	180411469	149600530	152910338	159342700
能源	251645968	262002930	237682099	234165474	222309861	240317500
制造费用	509521643	477809757	445415239	345888826	341954801	383602400

表 6-3　某上市公司钼钨相关产品经营情况分析

年份	营业收入	营业成本	毛利率/%	营业收入比上年增减/%	营业成本比上年增减/%	毛利率比上年增减/%	单位	币种
2013	2565360338	1811389141	29.39	-7.33	-10.78	增加 2.73 个百分点	元	人民币
2014	3615113883	1954328057	45.94	-1.69	0.32	减少 1.08 个百分点	元	人民币
2015	2421140447	1483174289	38.7	-33.03	-24.11	减少 7.20 个百分点	元	人民币
2016	2815657615	1511570038	46.32	16.29	1.91	增加 7.57 个百分点	元	人民币
2017	3772287300	1819355200	51.77	33.98	20.36	增加 5.45 个百分点	元	人民币
2018 上半年	2337329000	966371000	58.65	35.03	7.48	增加 10.95 个百分点	元	人民币

表 6-4　钼相关产品国内市场价格情况

年　份	2012	2013	2014	2015	2016	2017	2018
钼铁/万元 · t^{-1}	13.45	10.5	9.31	6.79	6.71	8.61	11.12
同比/%		-21.93	-11.33	-27.07	-1.18	28.32	41.66
氧化钼/美元 · 磅钼$^{-1}$	10.81	10.1	11.39	6.65	6.49	8.21	11.95
同比/%		-6.5	12.77	-41.62	-2.41	26.5	50.13
钼精矿/元 ·（吨 · 度）$^{-1}$	1640	1526	1326	937	906	1290	1715
同比/%		-6.95	-13.11	-29.34	-3.31	42.38	32.95

表 6-5 钼精矿价格多因素敏感性分析

变化因素	变化幅度/%	氧化钼价格	钼铁价格	钢材价格	材料	人工	折旧	能源	制造费用	钼精矿价格	钼精矿价格敏感度系数
		美元/磅钼	万元/t	元/t	万元	万元	万元	万元	万元	元/(吨·度)	
基本方案		10.1	10.5	3539	40925	31317	17638	26200	47781	1526	
氧化钼价格变化	-10	9.09	10.5	3539	40925	31317	17638	26200	47781	1312	-1.43
	-5	9.595	10.5	3539	40925	31317	17638	26200	47781	1417	-1.43
	5	10.605	10.5	3539	40925	31317	17638	26200	47781	1635	1.43
	10	11.11	10.5	3539	40925	31317	17638	26200	47781	1740	1.43
钼铁价格变化	-10	10.1	9.45	3539	40925	31317	17638	26200	47781	1330	-1.28
	-5	10.1	9.975	3539	40925	31317	17638	26200	47781	1428	-1.28
	5	10.1	11.025	3539	40925	31317	17638	26200	47781	1624	1.28
	10	10.1	11.55	3539	40925	31317	17638	26200	47781	1722	1.28
钢材价格变化	-10	10.1	10.5	3185	40925	31317	17638	26200	47781	1015	-3.35
	-5	10.1	10.5	3362	40925	31317	17638	26200	47781	1270	-3.35
	5	10.1	10.5	3716	40925	31317	17638	26200	47781	1782	3.35
	10	10.1	10.5	3893	40925	31317	17638	26200	47781	2037	3.35
材料变化	-10	10.1	10.5	3539	36833	31317	17638	26200	47781	2117	3.78
	-5	10.1	10.5	3539	38879	31317	17638	26200	47781	1814	3.78
	5	10.1	10.5	3539	42971	31317	17638	26200	47781	1238	-3.78
	10	10.1	10.5	3539	45018	31317	17638	26200	47781	935	-3.78
人工变化	-10	10.1	10.5	3539	40925	28185	17638	26200	47781	1114	-2.7
	-5	10.1	10.5	3539	40925	29751	17638	26200	47781	1320	-2.7
	5	10.1	10.5	3539	40925	32883	17638	26200	47781	1732	2.7
	10	10.1	10.5	3539	40925	34449	17638	26200	47781	1938	2.7
折旧变化	-10	10.1	10.5	3539	40925	31317	15874	26200	47781	1290	-1.55
	-5	10.1	10.5	3539	40925	31317	16756	26200	47781	1408	-1.55
	5	10.1	10.5	3539	40925	31317	18520	26200	47781	1644	1.55
	10	10.1	10.5	3539	40925	31317	19402	26200	47781	1762	1.55
能源变化	-10	10.1	10.5	3539	40925	31317	17638	23580	47781	1326	-1.31
	-5	10.1	10.5	3539	40925	31317	17638	24890	47781	1426	-1.31
	5	10.1	10.5	3539	40925	31317	17638	27510	47781	1626	1.31
	10	10.1	10.5	3539	40925	31317	17638	28820	47781	1726	1.31
制造费用变化	-10	10.1	10.5	3539	40925	31317	17638	26200	43003	1378	-0.97
	-5	10.1	10.5	3539	40925	31317	17638	26200	45392	1452	-0.97
	5	10.1	10.5	3539	40925	31317	17638	26200	50170	1600	0.97
	10	10.1	10.5	3539	40925	31317	17638	26200	52559	1674	0.97

从钼精矿价格的多因素敏感性分析表可以看出，在相同变化率的情况下，氧化钼价格下降约 1%，钼精矿价格下降约 1.43%；钼铁价格每降低 1%，钼精矿价格下降约 1.28%；钢材价格每下降 1%，钼精矿价格约下降 3.35%；材料每增加 1%，钼精矿价格约下降 3.78%；人工每下降 1%，钼精矿价格约下降 2.7%；折旧每下降 1%，钼精矿价格约下降 1.55%；能源每下降 1%，钼精矿价格约下降 1.31%；制造费用每下降 1%，钼精矿价格约下降 0.97%。即各因素的敏感度系数分别为：氧化钼价格 1.43%、钼铁价格 1.28%、钢材价格 3.35%、材料 -3.78%、人工 2.7%、折旧 1.55%、能源 1.31%、制造费用 0.97%。从表中可以看出，材料的变化与钼精矿价格变化呈负相关，因为材料的更新和改进，虽然增加了研发材料的费用，但是相应减少了人工时长以及生产制造费用，同时可以减少折旧，从而节省了钼精矿整个提取过程的费用。

钼精矿价格对各种因素的敏感度顺序为材料、钢材价格、人工、折旧、氧化钼价格、能源、钼铁价格、制造费用，最敏感的因素是材料。

6.5　本章小结

本章为了对钼精矿价格进行敏感性分析，在分析钼精矿价格影响因素的基础上，搜集相关因素数据，建立相应指标体系，采用了矿业经济单因素敏感性分析法。影响因素按照敏感度排序为材料、钢材价格、人工、折旧、氧化钼价格、能源、钼铁价格、制造费用，材料的敏感度最强，材料、人工、制造费用之间的变化相互影响。从决策者角度来讲，应在充分了解钢材价格变化趋势的同时，有效控制材料、人工和制造费用的分配和管理，对钼精矿生产规模进行准确的测算，使材料、钢材价格的变化对企业效益带来的影响尽可能减少，从而降低投资风险。

7 结　论

钼精矿市场价格的预测是钼矿开采生产企业生产管理决策的重要依据，同时也是国家钼矿资源相关政策制定的参考依据。随着矿业信息化、智能化的发展，将钼精矿的市场价格预测与钼矿的开采生产各环节联系起来，是提高资源利用率，改善钼矿企业经营管理的重要途径。本书应用预测相关理论知识，从钼市场及钼精矿价格影响因素、时间序列多步预测方法、钼精矿市场价格预测、实例仿真分析等方面展开研究，得出的主要结论如下：

（1）通过对钼市场及钼精矿价格影响因素进行分析，一是得出我国钼产量的竞争力强，市场上钼的来源主要依赖于国内的钼生产企业；二是目前国内钼需求主要为钢材冶炼的消耗，从终端应用来看主要为建筑用不锈钢需求、钢材需求和氧化钼的深加工化工产品的需求；三是供需的不平衡对我国的钼精矿市场价格影响较大；四是宏观经济对钼精矿价格的长期影响较大，宏观政策和不确定因素主要通过钼精矿的供需对钼精矿的价格产生影响。

（2）针对时间序列多步预测问题，提出了一种基于 EMD-ARIMA-LSTM 的时间序列多步预测方法，并且对该预测方法进行了建模研究。最后，采用 3 种大宗商品价格数据对构建的预测模型进行仿真实验，实验结果表明，与 ARIMA、LSTM、EMD-ARIMA、EMD-LSTM 多步预测模型相比，EMD-ARIMA-LSTM 预测模型在中长期（7 ~ 12 步预测）和长期预测（12 ~ 18 步预测）中预测性能最好，特别是针对复杂的时间序列数据的多步预测。

（3）针对钼精矿市场价格中长期预测问题，从钼价格、钼供需及宏观经济三个方面构建多维钼数据，并结合 EMD-ARIMA-LSTM 多步预测方法构建了基于多维钼数据与 EMD-ARIMA-LSTM 的钼精矿市场价格动态预测模型。实例数据的仿真实验结果表明，在钼精矿市场价格的预测中，模型能够取得较好的中长期预测效果，并且较仅采用时间序列预测方法的预测精度提高 20% 以上，表明采用多维钼数据构建的回归预测模型，能够有效减小时间序列多步预测模型的预测误差。

（4）基于改进的 PSO-GRNN 预测模型得出的预测结果，与灰色-马尔科夫预测模型的预测结果相比误差较小，改进 PSO-GRNN 更适合钼精矿价格短期预测。同时，预测结果表明，钼精矿价格的变动与钢材价格、CPI（居民消费价格指数）、PPI（生产价格指数）、PMI（制造业的采购经理指数）、矿产品企业商品价格指数以及货币供应量 M0、M1、M2 这些数据的变动息息相关，决策者应时刻关注市场相关情况，随时做好应对措施。

（5）基于中国钼精矿年均历史价格数据，结合 GM(1，1）模型和马尔科夫理论，两种方法优势互补，建立了灰色-马尔科夫模型，利用 MATLAB 软件实现了预测，结论预示 2019 年钼精矿的年均价格总体呈上升趋势，在与组合预测模型对比分析后发现，灰色-马尔科夫模型一定程度上反映了钼精矿价格因素的动态影响，预测结果具有较强符合性。

（6）影响因素按照敏感度排序为材料、钢材价格、人工、折旧、氧化钼价格、能源、钼铁价格、制造费用，材料的敏感度最强，材料、人工、制造费用之间的变化相互影响。决策者应在充分了解钢材价格变化趋势的同时，有效进行材料、人工和制造费用的分配和管理，对钼精矿生产规模进行准确的测算，使材料、钢材价格的变化对企业效益带来的影响尽可能减少，从而降低投资风险。

附录　仿真实验的关键程序代码

本书相关仿真实验的关键程序代码如下：

A1　时间序列分析 R 代码

A1.1　平稳性检测

```
> molybdenum_data = read.table("文件",sep = ",",header = T)
> library(tseries)
> molybdenum_price <- ts(molybdenum_data$ price,frequency = 1,start = 1)
> acf(molybdenum_price)
> pacf(molybdenum_price)
> adf.test(molybdenum_price,alt = "stationary")
> pp.test(molybdenum_price,alt = "stationary")
> kpss.test(molybdenum_price,null = "Level")
```

A1.2　线性判断 BDS-test

```
> library(zoo)
> library(tseries)
> acf(molybdenum_price)
> pacf(molybdenum_price)
> molybdenum_price_diff <- diff(molybdenum_price,diff = d)
> molybdenum_data_ari <- auto.arima(molybdenum_price,trace = T)
> molybdenum_price_fit <- arima(molybdenum_price,order = c(2,1,2))
> bds.test(molybdenum_price_fit$residuals)
```

A1.3　ARIMA 建模

```
> library(forecast)
> molybdenum_data = read.table("文件",sep = ",",header = T)
> molybdenum_price <- ts(molybdenum_data$price,frequency = 1,start = 1)
> molybdenum_price_train <- window(molybdenum_price,start = 1,end = 160)
> molybdenum_price_test <- window(molybdenum_price,start = 161)
> molybdenum_fit <- auto.arima(molybdenum_price_train)
> molyfor <- forecast(molybdenum_fit,h = 18)
```

A1.4　白噪声检验

```
> for(i in 1:30)print(Box.test(PRICE,lag = i))
```

A2　时间序列分析 matlab 代码

A2.1　EMD 分解代码

```
load molytime.mat
year = moly45(:,1);
```

```
indata = moly45( :,2) ;
reslt = emd( indata) ;
figure
plot( year, indata)
title(' Mo 价格')
emd_visu( indata, year, reslt) ;
[ A, f, tt] = hhspectrum( reslt) ;
[ im, tt] = toimage( A, f) ;
disp_hhs( im) ;
csvwrite('文件', reslt ') ;
```

A2.2 G-P 算法代码

```
load(' molybdenum. mat ') ;
data = molybdenum;
sita1 = 30; sita2 = 180;
tau = 14;
m = 5;
ss = 3000;
N = length( data) ; %待计算的时间序列长度
Y = reconstitution( data, m, tau) ;%重构相空间
M = N - ( m - 1) * tau;%相空间点的数目
d = zeros( M - 1, M) ;
for i = 1 : M - 1
    for j = i + 1 : M
        d( i, j) = max( abs( Y( :, i) - Y( :, j) ) ) ;
    end
end
max_d = max( max( d) ) ;%相空间中两点之间的最大距离
for i = 1 : M - 1 %计算相空间中两点之间的最小距离
    for j = 1 : i
        d( i, j) = max_d;
    end
end
min_d = min( min( d) ) ;%相空间中两点之间的最小距离
ssd = ( max_d - min_d)/ss;
for ii = 1 : ss
r( :, ii) = min_d + ssd * ii;
C_m_r( :, ii) = correlation_integral( Y, M, r( :, ii) ) ;%计算关联积分
end
ln_r = log( r) ;
```

```
ln_C_m_r = log(C_m_r);
figure(1)
plot(ln_r,ln_C_m_r,'-o');
ln_r = ln_r';
ln_C_m_r = ln_C_m_r';
plot(ln_r(sita1:sita2,:),ln_C_m_r(sita1:sita2,:),'r*');
```

A3 LSTM 神经网络预测 python 代码(部分)

```
import numpy as np
import matplotlib.pyplot as plt
import pandas as pd
import math
from keras.models import Sequential
from keras.layers import Dense
from keras.layers import LSTM,Dropout, Activation
from sklearn.preprocessing import MinMaxScaler
from sklearn.metrics import mean_squared_error
#读取外部数据
#创建数据读取函数
def dataread(url, i):
    dataframe = pd.read_csv(url, usecols = [i], engine ='python', skipfooter = 0)
    dataset = dataframe.values
    dataset = dataset.astype('float32')
    return dataset
#读取钼价格
url1 ='文件'
dataset = dataread(url1, 1)
#创建神经网络输入与输出数据集
def create_data(datain, lookback):
    X_in, Y_out = [],[]
    for i in range(int((len(datain) - lookback)/1)):
        a = datain[0 + 1 * i:lookback + 1 * i]
        X_in.append(a)
        b = datain[lookback + 1 * i:lookback + 1 * (i + 1)]
        Y_out.append(b)
    return np.array(X_in), np.array(Y_out)
#将数据集归一化处理,归一化算子和归一化数据集
scaler = MinMaxScaler(feature_range = (0, 1))
#归一化数据集
dataset = scaler.fit_transform(dataset)
```

```
#构造训练集与测试集的输入和输出集,然后将数据转化为网络的输入 shape
def create_iodata(IMFdataset,a):
    IMF_train = IMFdataset[0:len(IMFdataset) - N, 0]
    IMF_test = IMFdataset[len(IMFdataset) - 14:len(IMFdataset), 0]
    lookback = a
    trainX, trainY = create_data(IMF_train, lookback)
    testX, testY = create_data(IMF_test, lookback)
    trainX = np.reshape(trainX, (trainX.shape[0], 1, trainX.shape[1]))
    trainY = np.reshape(trainY, (trainY.shape[0], 1, trainY.shape[1]))
    testX = np.reshape(testX[0], (1, 1, testX.shape[1]))
    testY = np.reshape(testY, (testY.shape[0], 1, testY.shape[1]))
return trainX, trainY, testX, testY
#分别构建 dataset 训练输入输出,测试输入输出
trainX, trainY, testX, testY = create_iodata(dataset,2)
#构建预测模型函数,按具体情况修改
def create_model(X_in,X_out):
    model = Sequential()
    model.add(LSTM(2, return_sequences = True, input_shape = (1, 2)))
    model.add(LSTM(4, return_sequences = True))
    model.add(Dropout(0.2))
    model.add(LSTM(4, return_sequences = True))
    model.compile(loss = 'mean_squared_error', optimizer = 'Adam')
    model.fit(X_in,X_out, epochs = 500, batch_size = 1, verbose = 2)
    return model
model = create_model(trainX,trainY)
#构造新的输入集,将上一步的预测值作为下一步的输入值
def newtestX(testX,testPredict):
    testX2 = np.array((1.0,2.0)).reshape(testX.shape)
    testX2[0][0][0] = testX[0][0][1]
#       testX2[0][0][1] = testX[0][0][2]
    testX2[0][0][1] = testPredict[0][0][0]
    return testX2
trainPredict = model.predict(trainX)
#保存实验结果
outfile1 = r"文件"
pd.DataFrame(trainPredict).to_csv(outfile11)
```

A4 BP 神经网络代码

```
load S1.mat
data = S1(66:177,:);
```

```
moly_pri = data(1:112,1);
multi_da = data(1:112,2:10);
%% 4 数据归一化
[multi_data,ps] = mapminmax(multi_da, -1,1);
[moly_price,ts] = mapminmax(moly_pri', -1,1);
% 训练输入
train_x = multi_data(1:112,:)';
test_x = multi_data(95:112,:)';
% pridict_x = multi_data(77:94,:)';
% 训练输出
train_y = moly_price(1,1:112);
test_y = moly_price(1,95:112);
% pridict_y = moly_price(1,77:94);
%% 3 构建神经网络
n = 10;
net = newff(train_x,train_y,[n],{'logsig','purelin'},'trainlm');
inputWeights = net.IW{1,1};
inputbias = net.b{1};
layerWeights = net.IW{1,1};
layerbias = net.b{2};
net.trainParam.show = 50;
net.trainParam.lr = 1e-6;
net.trainParam.epochs = 20000;
net.trainParam.goal = 1e-4;
net = train(net,train_x,train_y);% 训练神经网络
%% 数据仿真
An = sim(net,train_x);
%% 反归一
A = mapminmax('reverse',An,ts);
t = mapminmax('reverse',train_y,ts);
%% 训练误差
E = A - t;
M = sse(E)
N = mse(E)
```

参考文献

[1] 李富强，唐亮．供给侧改革下消费品价格波动机制研究［J］．价格理论与实践，2017（1）：20～22.

[2] 杨宗喜，周平，唐金荣，等．2016 年全球矿业形势分析及展望［J］．中国矿业，2017，26（2）：1～6.

[3] 谢艳．关于当前全球矿业资源市场的发展趋势思考［J］．中国矿业，2016，25（S2）：17～19，27.

[4] 余良晖，马茁卉，苏铁娜．2016 年中国矿业市场变化分析与 2017 年展望［J］．中国国土资源经济，2017，30（1）：28～34，57.

[5] 吴海瀛．国际钼市场持续总体回升态势［J］．中国钼业，2017，41（4）：53～60.

[6] 张琳洲．我国钼资源供需形势与对策选择［J］．中国钼业，2017，41（3）：1～5.

[7] 徐爱华，高海亮．2016 年全球钼市场回顾及后市展望［J］．中国钼业，2017，41（1）：54～59.

[8] 王小兵，袁达．供给侧改革背景下资源性产品价格机制的重构［J］．价格理论与实践，2016（7）：65～67.

[9] 王家鹏，张洪川，王建国．全球钼资源供需形势分析及对策建议［J］．中国矿业，2016，25（S2）：1～4.

[10] 杨敬国．钼、钨市场价格预测与展望［J］．采矿技术，2012，12（5）：96～97.

[11] Fan Xinghua，Wang Li，Li Shasha. Predicting chaotic coal prices using a multi-layer perceptron network model［J］. Resources Policy，2016（50）：86～92.

[12] Atsalakis G S. Using computational intelligence to forecast carbon prices［J］. Appl Soft Comput，2016（43）：107～116.

[13] Zhu Bangzhu，Han Dong，Wang Ping. Forecasting carbon price using empirical mode decomposition and evolutionary least squares support vector regression［J］. Applied Energy，2017（191）：521～530.

[14] Wu G，Wei Y，Nielsen C，et al. A dynamic programming model of strategic petroleum reserve：General strategy and the effect of emergencies［J］. Energy Economics，2012，34（4）：1234.

[15] Wei Z.（2012）. A SVM approach in forecasting the moving direction of chinese stock indices（Order No. 1511612）. Available from ABI/INFORM Collection.（1021187170）.

[16] Wen Fenghua，Xiao Jihong，He Zhifang. Stock Price Prediction based on SSA and SVM［J］. Procedia Computer Science，2014（31）：625～631.

[17] 李雅莉．蚁群灰色模型在钼金属价格预测中的应用［J］．中国钼业，2017，41（1）：50～53.

[18] 李玲，卢才武．中国钼精矿价格分析与预测研究［J］．有色金属工程，2012，2（3）：15～18.

[21] 杨仕教．基于 ANFIS 与 BPNN 的钼矿产品价格预测对比分析［A］. Proceedings of 2010 The 3rd International Conference on Computational Intelligence and Industrial Application，

2010：4.

［20］杨晓立，顾清华．钼钨多金属综合资源开发的技术经济分析研究［J］．中国矿业，2012，21（S1）：67～70.

［21］卢蕾蓉，谭贤志，徐勇戈．基于协整理论的钼价格预测研究［J］．稀有金属与硬质合金，2016，44（3）：67～72.

［22］王帮俊，朱超群．去产能背景下煤炭价格走势及预测分析——基于ARIMA模型的研究［J］．价格理论与实践，2017（5）：73～76.

［23］吴虹，尹华．ARIMA与SVM组合模型的石油价格预测［J］．计算机仿真，2010，27（5）：264～266，326.

［24］唐万梅．几个预测方法及模型的研究［D］．呼和浩特：内蒙古大学，2006.

［25］卢嘉澍，孙坤，廉洁，等．基于灰度预测与马尔柯夫过程的股票价格预测模型［J］．现代商业，2017（17）：74～75.

［26］廖桂生，陈建宏，郑海力．基于模糊数学与灰色理论矿山综合效益的分析预测［J］．矿业研究与开发，2011，31（2）：115～118.

［27］唐丽芳，贾冬青，孟庆鹏．用MATLAB实现灰色预测GM（1，1）模型［J］．沧州师范专科学校学报，2008（2）：35～37.

［28］黄现代，王丰效．多变量灰色预测模型算法的Matlab实现［J］．四川理工学院学报（自然科学版），2008（1）：44～46.

［29］李秀华，董尹，李广冉．组合预测方法在阳光板材制造企业的应用［J］．惠州学院学报，2017，37（3）：7～11.

［30］朱晓翠，钱赛．一种基于灰色模型的数据预测优化算法［J］．河南科学，2016，34（11）：1797～1802.

［31］邱先强，任广磊，李治平，等．煤层气藏产能动态预测方法及参数敏感性分析［J］．油气地质与采收率，2012，19（6）：73～77，116.

［32］刘莉．黄金价格动态预测和影响因素研究［D］．济南：山东财经大学，2016.

［33］许晴，谭鹏，张成，等．秦皇岛煤炭价格预测研究——基于因素分析法和支持向量机模型［J］．价格理论与实践，2014（2）：79～81.

［34］董雁萍．支持向量机预测模型的构建及其应用［D］．西安：西安理工大学，2010.

［35］Sun Wei，Xu Yanfeng. Research on China's energy supply and demand using an improved Grey-Markov chain model based on wavelet transform［J］. Energy，2017，118：969～984.

［36］Xie Naiming，Yuan Chaoqing，Yang Yingjie. Forecasting China's energy demand and self-sufficiency rate by grey forecasting model and Markov model［J］. Electrical Power and Energy Systems，2015，66：1～8.

［37］Xu Shan，Zou Bin，Sedra Shafi，et al. A hybrid Grey-Markov/ LUR model for PM 10 concentration prediction under future urban scenarios［J］. Atmospheric Environment，2018，187：401～409.

［38］Mao Zhanli，Sun Jinhua. Application of Grey-Markov Model in Forecasting Fire Accidents［J］. The 5th Conference on Performance-based Fire and Fire Protection Engineering，2011，11：314～

318.

[39] Ye Jing, Dang Yaoguo, Li Bingjun. Grey-Markov prediction model based on background value optimization and central-point triangular whitenization weight function [J]. Commun Nonlinear Sci Numer Simulat, 2018, 54: 320～330.

[40] Li Guodong, Shiro Masuda, Masatake Nagai. The prediction model for electrical power system using an improved hybrid optimization model [J]. Electrical Power and Energy Systems, 2013, 44: 981～987.

[41] 何昕，陈亚青. 应用改进的灰色模型预测民航管制员数量 [J]. 实验科学与技术，2010，8 (1)：28～30.

[42] 高蔚. 基于 Markov 理论的改进灰色 GM (1，1) 预测模型研究 [J]. 计算机工程与科学，2011，33 (2)：159～163.

[43] 张莉莉，许英. 基于 Markov 链对股票价格的预测应用 [J]. 科技经济市场，2016 (11)：89～91.

[44] 金年生，陈飞，苗超杰. 基于灰色-马尔科夫理论的沥青路面性能预测研究 [J]. 公路交通技术，2018，34 (5)：17～20，26.

[45] 严筱，王若俊，黄国卿. 基于灰色-马尔可夫模型的道路 PCI 预测方法 [J]. 公路交通科技 (应用技术版)，2018，14 (9)：107～109.

[46] 齐英. 基于灰色动态模型的辽中地区灌溉用水预测研究 [J]. 水利规划与设计，2016 (2)：24～26.

[47] 刘成勇，万伟强，陈蜀喆，等. 基于灰色马尔科夫模型的船舶交通流预测 [J]. 中国航海，2018，41 (3)：95～100.

[48] 史爱武，胡志强，叶威，等. 基于灰色马尔科夫模型的家纺流行色趋势预测 [J]. 中南民族大学学报 (自然科学版)，2018，37 (3)：107～111.

[49] 崔纪委，郄志红，刘力鹏. 基于 PSO-GRNN 方法的城市用水量短期预测 [J]. 人民长江，2011，42 (21)：56～59，89.

[50] 徐国宾，韩文文，王海军. 基于 SSPSO 优化 GRNN 的水电站厂房结构振动响应预测 [J]. 振动与冲击，2015，34 (4)：104～109.

[51] 贾义鹏，吕庆，尚岳全. 基于粒子群算法和广义回归神经网络的岩爆预测 [J]. 岩石力学与工程学报，2013，32 (2)：343～348.

[52] 王小龙，全强明，熊立新. 基于改进粒子群-GRNN 模型的地铁隧道沉降预测 [J]. 世界科技研究与发展，2016，38 (6)：1142～1146.

[53] 谢习华，徐雷，谭耀，等. 基于 PSO-GRNN 的直升机旋翼不平衡故障诊断 [J]. 噪声与振动控制，2015，35 (2)：175～179.

[54] 郑焕健，刘桂雄，谢炎庆. 基于 PSO-GRNN 的乳胶丝关键质量参数预测技术 [J]. 中国测试，2017，43 (3)：97～100.

[55] 周瑞，魏正英，张育斌，等. 基于粒子群算法和广义回归神经网络的 ET_0 预测 [J]. 中国农村水利水电，2017 (6)：1～7.

[56] 卢金娜. 基于优化算法的径向基神经网络模型的改进及应用 [D]. 太原：中北大

学，2015.

[57] Bendu Harisankar, Deepak B B V L, Murugan S. Multi-objective optimization of ethanol fuelled HCCI engine performance using hybrid GRNN-PSO [J]. Applied Energy, 2017, 187: 601 ~ 611.

[58] Zhu Suling, Lian Xiuyuan, Wei Lin, et al. PM 2.5 forecasting using SVR with PSOGSA algorithm based on CEEMD, GRNN and GCA considering meteorological factors [J]. Atmospheric Environment, 2018, 183: 20 ~ 32.

[59] Jiang Ping, Li Chen. Research and application of an innovative combined model based on a modified optimization algorithm for wind speed forecasting [J]. Measurement, 2018, 124: 395 ~ 412.

[60] Dadabada Pradeepkumar, Vadlamani Ravi. Forecasting financial time series volatility using Particle Swarm Optimization trained Quantile Regression Neural Network [J]. Applied Soft Computing, 2017, 58: 35 ~ 52.

[61] 张国丹. 基于熵值法——突变理论的地下矿山紧急避险系统可靠性研究 [D]. 西安：西安建筑科技大学，2017.

[62] 皮子坤，贾宝山，贾廷贵，等. 煤矿瓦斯涌出量动态预测的 PCA-MFOA-GRNN 模型及应用 [J]. 传感技术学报，2015，28（11）：1676 ~ 1681.

[63] 冯尔磊. 基于 SMT 大数据的产品质量预测方法研究与实现 [D]. 西安：西安电子科技大学，2018.

[64] 骆正山，王文辉，王小完，等. 基于 RS-PSO-GRNN 的埋地管道土壤腐蚀预测 [J]. 材料保护，2018，51（8）：47 ~ 52，79.

[65] 王秀玲，吴武臣. 基于 RBF-PSO 的 N 型热电偶传感器非线性校正 [J]. 电测与仪表，2009，46（S2）：16 ~ 18，61.

[66] 王金凤，余华杰，冯立杰，等. 基于灰色马尔可夫模型的煤层气抽采量预测 [J]. 工业工程与管理，2012，17（4）：108 ~ 113，120.

[67] 殷乃芳，孙磊. 基于灰色-马尔柯夫模型的建筑安全事故死亡人数预测 [J]. 工程管理学报，2010，24（6）：652 ~ 655.

[68] 刘学. 金钼股份投资价值评估研究 [D]. 西安：西北大学，2009.

[69] 邵必林，梁元欣. 基于 MLP 与 RBF 神经网络的钼金属价格预测方法研究 [J]. 中国钼业，2016，40（5）：54 ~ 60.

[70] 张杰龙. 基于组合权重的中长期负荷预测研究及系统实现 [D]. 长沙：湖南大学，2016.

[71] 韩文文. 厂顶溢流式水电站厂房结构振动响应预测研究 [D]. 天津：天津大学，2014.

[72] 闫兴虎，孟德明，王瑞廷，等. 中国钼矿床主要类型及成矿预测 [J]. 西北地质，2013，46（4）：194 ~ 206.

[73] 黄凡，陈毓川，王登红，等. 中国钼矿主要矿集区及其资源潜力探讨 [J]. 中国地质，2011，38（5）：1111 ~ 1134.

[74] Popp J, Olah J, Fekete M F, et al. The Relationship Between Prices of Various Metals, Oil and

Scarcity [J]. Energies, 2018, 11 (9): 2392.

[75] Henckens M L C M, Driessen P P J, Worrell E. Molybdenum resources: Their depletion and safeguarding for future generations [J]. Resources Conservation And Recycling, 2018, 134: 61 ~ 69.

[76] 王忠康, 顾晓薇, 胥孝川, 等. 基于加权移动平均法的铁矿石价格预测 [J]. 中国矿业, 2017, 26 (7): 31 ~ 34.

[77] 刘雅琪, 谢波. 基于改进加权移动平均法的铁矿石到岸价格预测 [J]. 上海海事大学学报, 2015, 36 (2): 55 ~ 59, 69.

[78] 陶磊, 刘涛. ARIMA 模型在有色金属价格预测中的应用 [J]. 黄金, 2015, 36 (1): 5 ~ 8.

[79] 郑荣, 颜七笙. 基于 ARIMA 与 SVM 的国际铀资源价格预测 [J]. 计算机工程与应用, 2016, 52 (1): 146 ~ 150.

[80] Kim S, Ko W, Nam H, et al. Statistical model for forecasting uranium prices to estimate the nuclear fuel cycle cost [J]. Nuclear Engineering And Technology, 2017, 49 (5): 1063 ~ 1070.

[81] Kriechbaumer T, Angus A, Parsons D, et al. An improved wavelet——ARIMA approach for forecasting metal prices [J]. Resources Policy, 2014, 39 (C): 32 ~ 41.

[82] Behmiri N B, Manera M. The role of outliers and oil price shocks on volatility of metal prices [J]. Resources Policy, 2015, 46: 139 ~ 150.

[83] Zhu X H, Zhang H W, Zhong M R. Volatility forecasting in Chinese nonferrous metals futures market [J]. Transactions Of Nonferrous Metals Society Of China, 2017, 27 (5): 1206 ~ 1214.

[84] Todorova Neda. The course of realized volatility in the LME non-ferrous metal market [J]. Economic Modelling, 2015, 51: 1 ~ 12.

[85] Glöser Chahoud S, Hartwig J, Wheat I D, et al. The cobweb theorem and delays in adjusting supply in metals' markets [J]. System Dynamics Review, 2017 (4): 279 ~ 308.

[86] 杨留星, 王珏. 我国铁矿石进口价格预测的 ECM-SVR 混合模型 [J]. 系统工程理论与实践, 2016, 36 (7): 1769 ~ 1777.

[87] Liu C, Hu Z, Li Y, et al. Forecasting copper prices by decision tree learning [J]. Resources Policy, 2017, 52: 427 ~ 434.

[88] 颜七笙, 王士同, 张延飞, 等. 基于经验模式分解和极限学习机的铀资源价格预测方法 [J]. 控制与决策, 2014, 29 (7): 1187 ~ 1192.

[89] Ou T Y, Cheng C Y, Chen P J, et al. Dynamic cost forecasting model based on extreme learning machine-A case study in steel plant [J]. Computers & Industrial Engineering, 2016, 101: 544 ~ 553.

[90] 陈建宏, 周汉陵, 于凤玲, 等. 改进的 QPSO-BP 算法的铀价格预测模型及应用 [J]. 计算机工程与应用, 2013, 49 (21): 235 ~ 239, 244.

[91] 王元元, 杨仕教, 戴剑勇. 基于 BPNN 与 ANFIS 的铀矿产品价格时间序列预测比较研究

[J]. 金属矿山, 2008 (5): 24～27.

[92] Lasheras F S, Juez F J D C, Sánchez A S, et al. Forecasting the COMEX copper spot price by means of neural networks and ARIMA models [J]. Resources Policy, 2015, 45: 37～43.

[93] Box Gep G, Box G, Jenkins G. Time series analysis: forecasting and control [J]. Journal of the Operational Research Society, 1976, 22 (2): 199～201.

[94] Engle R F. Autoregressive Conditional Heteroscedasticity with Estimates of the Variance of United Kingdom Inflation [J]. Econometrica, 1982, 50 (4): 987～1007.

[95] 罗万纯, 刘锐. 中国粮食价格波动分析: 基于 ARCH 类模型 [J]. 中国农村经济, 2010 (4): 30～37, 47.

[96] Bollerslevb T. Generalized autoregressive conditional heteroskedasticity [J]. Journal of Econometrics, 1986, 31 (3): 307～327.

[97] 徐天艳. 基于 GARCH 模型的核证减排期货价格波动性研究 [J]. 时代金融, 2011 (12): 209～211.

[98] 陈霄, 叶德珠. 中国 P2P 网络借贷利率波动研究 [J]. 国际金融研究, 2016 (1): 83～96.

[99] 朱帮助, 魏一鸣. 基于 GMDH-PSO-LSSVM 的国际碳市场价格预测 [J]. 系统工程理论与实践, 2011, 31 (12): 2264～2271.

[100] 李明昌, 梁书秀, 孙昭晨. 人工神经网络在潮汐预测中应用研究 [J]. 大连理工大学学报, 2007 (1): 101～105.

[101] 申浩洋, 韦安磊, 王小文, 等. BP 人工神经网络在环境空气 SO_2 质量浓度预测中的应用 [J]. 环境工程, 2014, 32 (6): 117～121.

[102] 丁刚, 钟诗胜. 基于过程神经网络的时间序列预测及其应用研究 [J]. 控制与决策, 2006 (9): 1037～1041.

[103] Li G, Shi J. On comparing three artificial neural networks for wind speed forecasting [J]. Applied Energy, 2010, 87 (7): 2313～2320.

[104] 颜七笙. 基于智能计算和混沌理论的铀价格预测研究 [D]. 无锡: 江南大学, 2014.

[105] 谷晓天, 高小红, 马慧娟, 等. 复杂地形区土地利用/土地覆被分类机器学习方法比较研究 [J]. 遥感技术与应用, 2019, 34 (1): 57～67.

[106] 吴湘宁, 胡炫, 胡光道, 等. Oracle 中使用支持向量机的时间序列预测方法 [J]. 计算机工程与应用, 2013, 49 (14): 121～125.

[107] 赛英, 张凤廷, 张涛. 基于支持向量机的中国股指期货回归预测研究 [J]. 中国管理科学, 2013, 21 (3): 35～39.

[108] Suykens J A K, Gestel T V, Brabanter J D, et al. Least Squares Support Vector Machines [J]. International Journal of Circuit Theory & Applications, 2002, 27 (6): 605～615.

[109] 耿立艳. 股指波动率的最小二乘支持向量机预测方法 [J]. 统计与决策, 2015 (9): 90～92.

[110] 潘宇雄, 任章, 李清东. 动态贝叶斯最小二乘支持向量机 [J]. 控制与决策, 2014, 29 (12): 2297～2300.

[111] Fang S F, Wang M P, Qi W H, et al. Hybrid genetic algorithms and support vector regression in forecasting atmospheric corrosion of metallic materials [J]. Computational Materials Science, 2008, 44 (2): 647 ~ 655.

[112] Sayyad H, Manshad A K, Rostami H. Application of hybrid neural particle swarm optimization algorithm for prediction of MMP [J]. Fuel, 2014, 116: 625 ~ 633.

[113] 田中大, 张超, 李树江, 等. 基于相空间重构与最小二乘支持向量机的时延预测 [J]. 电子学报, 2017, 45 (5): 1044 ~ 1051.

[114] 贺文, 齐爽, 陈厚合. 蚁群 BP 神经网络的光伏电站辐照强度预测 [J]. 电力系统及其自动化学报, 2016, 28 (7): 26 ~ 31.

[115] 胡世前, 姜倩雯, 凌冰, 等. 基于改进支持向量机的空气质量监测预警模型 [J]. 江苏大学学报 (自然科学版), 2016, 37 (4): 491 ~ 496.

[116] Bates J M, Granger C W J. The Combination of Forecasts [J]. Journal of the Operational Research Society, 1969, 20 (4): 451 ~ 468.

[117] 张晨, 杨仙子. 基于多频组合模型的中国区域碳市场价格预测 [J]. 系统工程理论与实践, 2016, 36 (12): 3017 ~ 3025.

[118] 田波, 朴在林, 郭丹, 等. 基于改进 EEMD-SE-ARMA 的超短期风功率组合预测模型 [J]. 电力系统保护与控制, 2017, 45 (4): 72 ~ 79.

[119] 徐敏捷, 兰月新, 刘冰月. 基于组合预测的网络舆情数据预测模型研究 [J]. 情报科学, 2016, 34 (12): 40 ~ 45, 87.

[120] 韩印, 郑喆, 赵靖, 等. 基于灰色-小波神经网络的有效泊位预测 [J]. 交通运输系统工程与信息, 2017, 17 (5): 60 ~ 67, 96.

[121] Alwee R, Shamsuddin S M H, Sallehuddin R. Hybrid Support Vector Regression and Autoregressive Integrated Moving Average Models Improved by Particle Swarm Optimization for Property Crime Rates Forecasting with Economic Indicators [J]. Scientific World Journal, 2013: 951475.

[122] 范竣翔, 李琦, 朱亚杰, 等. 基于 RNN 的空气污染时空预报模型研究 [J]. 测绘科学, 2017, 42 (7): 76 ~ 83, 120.

[123] Zheng H, Yuan J, Chen L. Short-Term Load Forecasting Using EMD-LSTM Neural Networks with a Xgboost Algorithm for Feature Importance Evaluation [J]. Energies, 2017, 10 (8): 1168.

[124] Li X, Peng L, Yao X, Cui S, Hu Y, You C, Chi T. Long short-term memory neural network for air pollutant concentration predictions: Method development and evaluation [J]. Environmental Pollution, 2017, 231: 997 ~ 1004.

[125] Hochreiter S, Schmidhuber J. Long Short-Term Memory [J]. Neural Computation, 1997, 9 (8): 1735.

[126] 赵建鹏, 周俊. 基于长短时记忆网络的旋转机械状态预测研究 [J]. 噪声与振动控制, 2017, 37 (4): 155 ~ 159.

[127] 张宇航, 邱才明, 贺兴, 等. 一种基于 LSTM 神经网络的短期用电负荷预测方法 [J].

电力信息与通信技术，2017，15（9）：19～25.

［128］单绍杰，李汉军，王璐璐，等．基于 LSTM 模型的单导联脑电癫痫发作预测［J］．计算机应用研究，2018，35（11）：3251～3254.

［129］Yu H，Wu Z，Wang S，Wang Y，Ma X. Spatiotemporal Recurrent Convolutional Networks for Traffic Prediction in Transportation Networks［J］．Sensors，2017，17（7）：1501.

［130］Zhao Z，Chen W，Wu X，et al. LSTM network：A deep learning approach for short-term traffic forecast［J］．Iet Intelligent Transport Systems，2017，11（2）：68～75.

［131］Bao W，Yue J，Rao Y. A deep learning framework for financial time series using stacked autoencoders and long-short term memory［J］．PLoS One，2017，12（7）：0180944.

［132］Zhang G，Xu L，Xue Y. Model and forecast stock market behavior integrating investor sentiment analysis and transaction data［J］．Cluster Computing-the Journal of Networks Software Tools and Applications，2017，20（1）：789～803.

［133］郭梨．铁矿石价格影响因素分析及价格预测研究［D］．西安：西安建筑科技大学，2008.

［134］Fama E F，French K R. Testing Trade-Off and Pecking Order Predictions About Dividends and Debt［J］．Review of Financial Studies，2002，15（1）：1～33.

［135］焦李成，杨淑媛，刘芳，等．神经网络七十年：回顾与展望［J］．计算机学报，2016，39（8）：1697～1716.

［136］Bao Y，Xiong T，Hu Z. Multi-step-ahead time series prediction using multiple-output support vector regression［J］．Neurocomputing，2014，129：482～493.

［137］Huang N E，Shen Z，Long S R，et al. The empirical mode decomposition and the Hilbert spectrum for nonlinear and non-stationary time series analysis［J］．Proceedings A，1998，454（1971）：903～995.

［138］汪寿阳，余乐安，黎建强．TEI@I 方法论及其在外汇汇率预测中的应用［J］．管理学报，2007（1）：21～27.

［139］Liu H，Tian H Q，Li Y F. An EMD-recursive ARIMA method to predict wind speed for railway strong wind warning system［J］．Journal of Wind Engineering and Industrial Aerodynamics，2015，141：27～38.

［140］刘满芝，屈传智，周梅华，等．福利经济视角下国家煤炭应急储备规模模型构建及敏感性分析［J］．自然资源学报，2014，29（7）：1145～1158.

［141］黄东兵，徐大图．建安产品价格敏感性分析探讨［J］．技术经济，1994，（Z2）：114～116.

［142］简彩云．商品住宅价格敏感性分析与对策［J］．中国物价，2007（10）：61～64.

［143］王延伟，景晓真．我国煤炭价格走势及其影响因素实证分析［J］．价格理论与实践，2016（6）：114～117.

［144］邱兆祥，谢海玉，刘帅．中国各工业行业价格敏感性分析［J］．南方金融，2014（5）：32～36，61.

［145］边远．项目投资财务决策中单因素敏感性分析方法的运用［J］．现代商业，2017（1）：

233 ~ 234.

[146] 张馨锐，张磊，刘辉．单因素敏感性分析在投资项目中的应用［J］．产业与科技论坛，2017，16（23）：41 ~ 42.

[147] 薛志波，陈伟．基于动态敏感性分析的老挝爬奔金矿技术经济评价［J］．经贸实践，2018（3）：7 ~ 9.

[148] Xie Xingxin, Zhai Wenjing, Lu Caiwu. Price prediction of molybdenum concentrate based on markov model［J］. Journal of Environment Protection and Ecology, 2018, 19（4）: 1955 ~ 1963.